PHPUnit
kurz & gut

Sebastian Bergmann

O'REILLY®

Beijing · Cambridge · Farnham · Köln · Paris · Sebastopol · Taipei · Tokyo

Die Informationen in diesem Buch wurden mit größter Sorgfalt erarbeitet. Dennoch können Fehler nicht vollständig ausgeschlossen werden. Verlag, Autoren und Übersetzer übernehmen keine juristische Verantwortung oder irgendeine Haftung für eventuell verbliebene fehlerhafte Angaben und deren Folgen.
Alle Warennamen werden ohne Gewährleistung der freien Verwendbarkeit benutzt und sind möglicherweise eingetragene Warenzeichen. Der Verlag richtet sich im Wesentlichen nach den Schreibweisen der Hersteller. Das Werk einschließlich aller seiner Teile ist urheberrechtlich geschützt. Alle Rechte vorbehalten einschließlich der Vervielfältigung, Übersetzung, Mikroverfilmung sowie Einspeicherung und Verarbeitung in elektronischen Systemen.

Kommentare und Fragen können Sie gerne an uns richten:
O'Reilly Verlag
Balthasarstr. 81
50670 Köln
Tel.: 0221/9731600
Fax: 0221/9731608
E-Mail: kommentar@oreilly.de

Copyright der deutschen Ausgabe:
© 2006 by O'Reilly Verlag GmbH & Co. KG
1. Auflage 2006

Die Darstellung eines Scharlach-Mennigvogels im Zusammenhang mit dem Thema PHPUnit ist ein Warenzeichen von O'Reilly Media, Inc.

Bibliografische Information Der Deutschen Bibliothek
Die Deutsche Bibliothek verzeichnet diese Publikation in der
Deutschen Nationalbibliografie; detaillierte bibliografische Daten
sind im Internet über *http://dnb.ddb.de* abrufbar.

Lektorat: Alexandra Follenius, Köln
Korrektorat: Sibylle Feldmann, Düsseldorf
Satz: G&U Technische Dokumentation GmbH, Flensburg
Umschlaggestaltung: Maria Friedman, Sebastopol & Michael Oreal, Köln
Produktion: Karin Driesen, Köln
Druck: fgb freiburger graphische betriebe; www.fgb.de

ISBN 3-89721-515-2
ISBN-13 978-3-89721-515-3
Dieses Buch ist auf 100% chlorfrei gebleichtem Papier gedruckt.

Inhalt

Einführung 5

Tests automatisieren 7

Die Ziele von PHPUnit 10

PHPUnit installieren 14

Der textbasierte Testrunner 15

Testinventar 19
    Mehr setUp() als tearDown() 21
    Variationen 21
    Initialisierung auf Testreihen-Ebene 22

Ausnahmen und Geschwindigkeit testen 23
    Ausnahmen testen 23
    Geschwindigkeit testen 25

Unvollständige Tests 26

Test-First-Programmierung 28
    Beispiel: Bankkonto 29

Code-Coverage-Analyse 35

Stubs 38
    Self-Shunting 39

Weitere Anwendungsmöglichkeiten für Tests **40**
   Agile Dokumentation 40
   Teamübergreifende Tests 42
   Debugging mit Tests 42
   Refactoring mit Tests 43

PHPUnit und Phing **44**
   Die Rückmeldungen formatieren 46

Wie PHPUnit implementiert ist **51**

Die PHPUnit-API **54**
   Überblick 54
   PHPUnit2_Framework_Assert 55
   PHPUnit2_Framework_TestCase 62
   PHPUnit2_Framework_TestSuite 63
   PHPUnit2_Framework_TestResult 68
   Die Package-Struktur 70

PHPUnit erweitern **71**
   Von PHPUnit2_Framework_TestCase ableiten 71
   Zusicherungsklassen 71
   PHPUnit2_Extensions_TestDecorator 71
   PHPUnit2_Framework_Test implementieren 72
   Von PHPUnit2_Framework_TestResult ableiten 74
   PHPUnit2_Framework_TestListener implementieren 74
   Neuer Testrunner 77

PHPUnit für PHP 4 .... **77**

Weiterführende Literatur **79**

Index **81**

PHPUnit – kurz & gut

Einführung

Lange war meine Antwort auf die Frage nach einer Dokumentation für PHPUnit, dass man eigentlich gar keine Dokumentation für PHP-Unit brauche. Stattdessen solle man die Dokumentation von JUnit lesen und sich die Codebeispiele von Java™ und JUnit in PHP und PHPUnit »übersetzen«. Als ich dies Barbara Weiß und Alexandra Follenius von O'Reilly Deutschland gegenüber erwähnte, überzeugten sie mich, diese Einstellung noch einmal zu überdenken. Sie ermutigten mich, ein Buch über PHPUnit zu schreiben, das als Dokumentation dienen solle.

Voraussetzungen

Das Thema dieses Buchs ist PHPUnit, das Open Source-Tool der Wahl für die testgetriebene Entwicklung in PHP. Dieses Buch behandelt Version 2.3 von PHPUnit, die PHP 5.1 voraussetzt. Die meisten Codebeispiele sollten allerdings auch mit den Versionen 2.0 bis 2.2 von PHPUnit funktionieren, die für PHP 5.0 ausgelegt sind. Im Abschnitt »PHPUnit für PHP 4« in diesem Buch wird die alte, nicht mehr aktiv weiterentwickelte Version von PHPUnit für PHP 4 behandelt.

Der Leser sollte objektorientierte Programmierung mit PHP 5 bereits verstanden haben. Eine gute Einführung in dieses Thema bietet mein Buch *Professionelle Softwareentwicklung mit PHP 5*.

Dieses Buch steht unter freier Lizenz

Dieses Buch ist unter der Creative Commons-Lizenz verfügbar. Eine aktuelle Version finden Sie stets unter *http://www.phpunit.de/pocket_guide/*. Sie können das Buch verteilen und auch nach Belieben Änderungen daran vornehmen. Jedoch wünsche ich mir, dass Sie mir, anstatt Ihre eigene private Version des Buchs zu vertreiben, Feedback und Änderungen per E-Mail an *sb@sebastian-bergmann.de* zukommen lassen, so dass ich sie in das Buch einpflegen kann.

Schriftkonventionen

Kursiv
: kennzeichnet Datei- und Verzeichnisnamen, E-Mail-Adressen, URLs, Hervorhebungen und neu eingeführte Begriffe.

`Nichtproportionalschrift`
: kennzeichnet Codebeispiele, Variablen, Funktionen und Befehlsoptionen.

`Nichtproportionalschrift kursiv`
: kennzeichnet Platzhalter für Elemente, die durch aktuelle Werte in Ihrem eigenen Programm ersetzt werden müssen.

`Nichtproportionalschrift fett`
: kennzeichnet Benutzereingaben in Beispielen und wird außerdem in Codebeispielen zur Hevorhebung verwendet.

TIPP

Dies ist ein Tipp oder ein genereller Hinweis mit nützlichen Zusatzinformationen zum Thema.

Danksagungen

Ich möchte mich bei Kent Beck und Erich Gamma für JUnit und die Inspiration, PHPUnit zu entwickeln, bedanken. Bei Kent Beck möchte ich mich für sein Buch *JUnit – kurz & gut* (O'Reilly Verlag) bedanken, das die Idee für dieses Buch lieferte. Außerdem möchte ich mich bei Allison Randal, Alexandra Follenius und Barbara Weiß bedanken, die dieses Buch bei O'Reilly gefördert und begleitet haben.

Für ihre Arbeit an der Zend Engine 2, dem Kern von PHP 5, danke ich Andi Gutmans, Zeev Suraski sowie Marcus Börger. Ohne sie gäbe es weder PHP 5 und PHPUnit noch dieses Buch. Für seine Xdebug-Erweiterung für PHP danke ich Derick Rethans. Ohne diese Erweiterung wäre die Code-Coverage-Analyse von PHPUnit nicht möglich. Für seine Integration von PHPUnit in Phing danke ich Michiel Rook.

Tests automatisieren

Selbst gute Programmierer machen Fehler. Der Unterschied zwischen einem guten und einem schlechten Programmierer besteht darin, dass der gute Programmierer Tests benutzt, um festzustellen, ob er einen Fehler gemacht hat. Je früher Sie dies testen, desto größer ist die Chance, den Fehler zu finden, und desto geringer sind die Kosten seiner Behebung. Dies erklärt, warum es so teuer und fehlerträchtig ist, die Tests auf die Zeit unmittelbar vor der Veröffentlichung der Software zu verschieben. Die meisten Fehler werden zu dieser Zeit überhaupt nicht mehr gefunden. Dazu sind die Kosten für das Auffinden und Beseitigen der dann noch erkannten Fehler so hoch, dass man es sich kaum leisten kann, alle zu beheben.

Testen mit PHPUnit unterscheidet sich nicht wesentlich von dem, was Sie bereits tun sollten, es ist lediglich eine andere Methode. Der Unterschied besteht darin, dass Sie nicht einfach nur testen, sondern eine Reihe von Tests anwenden, nämlich Codefragmente, die eine Anwendung automatisch überprüfen und sicherstellen, dass sie sich den Erwartungen entsprechend verhält. Diese Codefragmente nennt man auch *Unit Tests*.

In diesem Kapitel werden wir uns damit beschäftigen, wie Sie das print-basierte Testen durch vollautomatisierte Tests ersetzen können. Stellen Sie sich vor, Sie wollen die von PHP bereitgestellte Datenstruktur Array sowie die Funktion sizeof() testen. Für ein neu erzeugtes Array muss sizeof() den Wert 0 liefern, für ein Array mit einem Element muss sizeof() den Wert 1 liefern. Beispiel 1 zeigt, was wir testen wollen.

Beispiel 1: Testen von Array und sizeof()

```
<?php
$fixture = Array();
// Wir erwarten, dass $fixture leer ist.

$fixture[] = "element";
// Wir erwarten, dass $fixture ein Element enthält.
?>
```

Ob Sie die erwarteten Ergebnisse erhalten, können Sie auf sehr einfache Weise überprüfen, indem Sie den Rückgabewert von sizeof() vor und nach dem Hinzufügen eines Elements ausgeben lassen (Beispiel 2). Array und sizeof() verhalten sich erwartungskonform, wenn dabei erst 0 und dann 1 erscheint.

Beispiel 2: Testen von Array und sizeof() mit print

```
<?php
$fixture = Array();
print sizeof($fixture) . "\n";

$fixture[] = "element";
print sizeof($fixture) . "\n";
?>
0
1
```

Nun wollen wir von einem Test, der eine manuelle Interpretation erfordert, zu einem automatisch ablaufenden Test übergehen. In Beispiel 3 werden die berechneten mit den von uns erwarteten Werten verglichen. Ausgegeben wird ok oder nicht ok, je nachdem, ob der Test erfolgreich war oder nicht. Dabei brauchen Sie beim Betrachten der Ausgabe nur darauf zu achten, dass in allen Zeilen ok steht. Sobald Sie nicht ok sehen, wissen Sie, dass irgendetwas schief gegangen ist.

Beispiel 3: Vergleichen von berechneten und erwarteten Werten, um Array und sizeof() zu testen

```
<?php
$fixture = Array();
print sizeof($fixture) == 0 ? "ok\n" : "nicht ok\n";

$fixture[] = "element";
print sizeof($fixture) == 1 ? "ok\n" : "nicht ok\n";
?>
    ok
ok
```

Ziehen Sie nun den Vergleich von erwarteten und berechneten Werten aus den Tests heraus in eine Funktion, die einen Booleschen Wert als Eingabe annimmt und nichts weiter tut, als eine Ausnahme auszulösen, wenn dieser Wert FALSE ist (Beispiel 4). Jetzt sieht die Ausgabe schon viel übersichtlicher aus. Solange der Test erfolgreich durchläuft, wird gar nichts angezeigt. An dem Erscheinen einer unbehandelten Ausnahme erkennen Sie, dass etwas schief gegangen ist.

Beispiel 4: Testen von Array und sizeof() mit einer Zusicherung

```
<?php
$fixture = Array();
assertTrue(sizeof($fixture) == 0);

$fixture[] = "element";
assertTrue(sizeof($fixture) == 1);

function assertTrue($condition) {
  if (!$condition) {
    throw new Exception("Zusicherung fehlgeschlagen.");
  }
}
?>
```

Der Test ist nun vollständig automatisiert. Anstatt lediglich zu testen und das Ergebnis dann manuell zu interpretieren, wie wir es in der ersten Fassung des Tests getan haben, stellt diese Fassung einen automatisierten Test dar, der nicht mehr manuell ausgewertet werden muss.

Man wird nie alle Mängel in einem Programm erkennen können. Häufigeres Testen reduziert aber die Zahl der Fehler, die zum Schluss noch übrig bleiben. Das Ziel der automatisierten Tests ist ein begründetes Vertrauen in den von Ihnen geschriebenen Code. Diesen Vertrauensgewinn können Sie nutzen, um Ihre Designs innovativer zu gestalten (siehe Abschnitt »Refactoring mit Tests« weiter unten), besser mit Ihren Teamkollegen auszukommen (siehe »Teamübergreifende Tests« weiter unten), die Beziehungen zu Ihren Kunden zu verbessern – und jeden Tag mit der Gewissheit nach Hause zu gehen, dass das System jetzt auf Grund Ihrer Bemühungen besser läuft als noch am Morgen.

Die Ziele von PHPUnit

Bislang haben wir erst zwei Tests für den Datentyp Array und die Funktion sizeof(). Wenn wir die Vielzahl an array_*()-Funktionen, die PHP anbietet, testen wollen, müssen wir für jede dieser Funktionen mindestens einen Test schreiben. Für alle diese Tests könnten wir uns eine von Grund auf neue Infrastruktur aufbauen. Allerdings wünschen wir uns eine wiederverwendbare Infrastruktur, für die wir nur noch die für jeden Test spezifischen Teile schreiben müssen. Genau solch eine Infrastruktur ist PHPUnit.

Beispiel 5 zeigt, wie die beiden Tests aus Beispiel 4 zu formulieren sind, damit Sie sie mit PHPUnit verwenden können.

Beispiel 5: Testen von Array und sizeof() mit PHPUnit

```
<?php
require_once 'PHPUnit2/Framework/TestCase.php';

class ArrayTest extends PHPUnit2_Framework_TestCase {
    public function testNewArrayIsEmpty() {
        // Array-Fixture erzeugen.
        $fixture = Array();

        // Der erwartete Wert von sizeof($fixture) ist 0.
        $this->assertEquals(0, sizeof($fixture));
    }
```

Beispiel 5: Testen von Array und sizeof() mit PHPUnit (Fortsetzung)

```
    public function testArrayContainsAnElement() {
        // Array-Fixture erzeugen.
        $fixture = Array();

        // Ein Element dem Array hinzufügen.
        $fixture[] = 'Element';

        // Der erwartete Wert von sizeof($fixture) ist 1.
        $this->assertEquals(1, sizeof($fixture));
    }
}
?>
```

Beispiel 5 zeigt die grundlegenden Schritte für das Schreiben von PHPUnit-Tests:

1. Die Tests für eine Klasse Class werden in einer Klasse Class-Test geschrieben.
2. ClassTest erbt (in den meisten Fällen) von PHPUnit2_Framework_TestCase.
3. Die Tests sind öffentliche Methoden, die keine Parameter erwarten und test* heißen.
4. Innerhalb der Testmethoden werden Zusicherungsmethoden wie assertEquals() (siehe Tabelle 6) verwendet, um tatsächliche Werte mit erwarteten Werten zu vergleichen.

Jedes Framework muss eine Reihe von Anforderungen erfüllen, von denen immer einige miteinander in Konflikt zu stehen scheinen. PHPUnit ist da keine Ausnahme, denn Tests sollen all dies zugleich sein:

Leicht zu erlernen. Die Zielgruppe für PHPUnit sind Programmierer und nicht professionelle Tester, daher müssen die Barrieren für das Schreiben von Tests minimal sein.

Leicht zu schreiben. Tests, die nicht leicht zu schreiben sind, werden die Programmierer nicht schreiben.

Leicht zu lesen. Der Testcode sollte keinen unnötigen Overhead enthalten, der vom Kern des Tests ablenkt.

Leicht auszuführen. Die Tests sollten auf einen Button-Klick hin starten und ihre Ergebnisse in einem klaren und eindeutigen Format präsentieren.

Schnell auszuführen. Die Tests sollten so schnell ablaufen, dass sie hundert- oder tausendmal am Tag ausgeführt werden können.

Isoliert. Die Tests sollen sich nicht gegenseitig beeinflussen. Auch wenn sich die Reihenfolge der Testläufe verändert, sollten die Ergebnisse gleich bleiben.

Kombinierbar. Jede beliebige Anzahl und Folge von Tests sollten zusammen ausgeführt werden können. Dies ist eine logische Konsequenz aus der Isolation.

Zwischen diesen Bedingungen gibt es zwei wesentliche Kollisionen:

Leicht zu schreiben versus leicht zu erlernen. Im Allgemeinen erfordern Tests nicht die gesamte Flexibilität einer Programmiersprache, insbesondere nicht die einer objektorientierten Sprache. Viele Testwerkzeuge bieten eigene Skriptsprachen, die nur das wenige an Möglichkeiten umfassen, das für das Schreiben von Tests erforderlich ist. Dann sind die Tests leicht zu lesen und zu schreiben, denn sie enthalten nichts, was von dem Inhalt des Tests ablenkt. Andererseits ist das Erlernen einer weiteren Programmiersprache und der zugehörigen Programmierwerkzeuge unbequem und verwirrend.

Isoliert versus schnell auszuführen. Wenn die Ergebnisse eines Tests keine Auswirkungen auf die Ergebnisse eines anderen Tests haben sollen, muss jeder Test vor dem Beginn seiner Ausführung den Zustand der Welt komplett herstellen und sie nach seiner Beendigung wieder in ihren Ursprungszustand zurückversetzen. Dieses Aufbauen der Welt kann allerdings eine beträchtliche Zeit in Anspruch nehmen, zum Beispiel wenn die Verbindung zu einer Datenbank hergestellt und die Datenbank mittels realistischer Daten in einen definierten Zustand gebracht werden muss.

PHPUnit löst diese Konflikte, indem es zunächst mal das uns vertraute PHP als Testsprache verwendet. Die Möglichkeiten dieser Sprache dürften manchmal des Guten zu viel sein, wenn es um das Schreiben kleiner, gradliniger Tests geht. Aber indem wir PHP verwenden, können wir die Erfahrung und die Werkzeuge nutzen, die den Programmierern ohnehin zur Verfügung stehen. Wenn wir versuchen wollen, skeptische Tester zu überzeugen, ist das Absenken der Schwelle zum Schreiben jener ersten Tests besonders wichtig.

Außerdem gewichtet PHPUnit die Isolation stärker als die Ausführungsgeschwindigkeit. Isolierte Tests sind wichtig, weil sie uns ein Feedback von hoher Qualität liefern. Es gibt keine Reports mit reihenweise gescheiterten Tests, die in Wirklichkeit nur deswegen fehlgeschlagen sind, weil ein Test am Anfang der Testreihe gescheitert ist und für die übrigen Tests alles durcheinander gebracht hat. Dieser Fokus auf isolierte Tests ermutigt zu Entwürfen mit einer großen Zahl einfach gehaltener Objekte. In der Isolierung kann jedes Objekt schnell getestet werden. Das Ergebnis sind also bessere Entwürfe *und* schnellere Tests.

Als weitere systematische Besonderheit geht PHPUnit davon aus, dass Tests im Normalfall erfolgreich durchlaufen. Nur wenn ein Test fehlschlägt, muss dies festgehalten und gemeldet werden. Die große Mehrzahl der Tests sollte aber erfolgreich sein und außer der jeweiligen Anzahl von Durchläufen keiner weiteren Kommentare bedürfen. Tatsächlich ist diese Annahme in die Auswertungsklassen eingebaut und nicht in das PHPUnit-Kernsystem. Wenn die Ergebnisse eines Testlaufs gemeldet werden, sehen Sie die Anzahl der insgesamt ausgeführten Tests, Details werden aber nur zu den fehlgeschlagenen Tests gemeldet.

Von den Tests wird erwartet, dass sie feinkörnig sind und jeweils nur einen Aspekt eines Objekts prüfen. Dementsprechend brechen Tests ab, sobald sie zum ersten Mal fehlschlagen, und PHPUnit meldet dies. Das Aufgliedern in viele kleine Tests ist eine Kunst, und es ist hilfreich, bereits beim Entwurf des Softwaresystems an die fein granulierten Tests zu denken.

Wenn Sie Objekte mit PHPUnit testen, greifen Sie dabei möglichst nur auf die öffentliche Schnittstelle des Objekts zu. Tests auf der Basis des öffentlich sichtbaren Verhaltens helfen Ihnen, schwierige Designprobleme frühzeitig anzugehen und zu lösen, bevor die Folgen eines mangelhaften Entwurfs größere Teile des Softwaresystems infizieren können.

PHPUnit installieren

PHPUnit[1] ist über das PHP Extension and Application Repository (PEAR)[2], einem Framework und Verteilungssystem für wiederverwendbare PHP-Komponenten, zu beziehen und kann mit dem PEAR Installer folgendermaßen installiert werden:

```
pear install PHPUnit2
```

Wegen der Versionierungsstandards für PEAR-Pakete lautet der Name des PHPUnit-Pakets für PHP 5 *PHPUnit2*. *PHPUnit* ist der Name des PHPUnit-Pakets für PHP 4, das im Abschnitt »PHPUnit für PHP 4« am Ende dieses Buchs behandelt wird.

Nach der Installation liegen die PHPUnit-Dateien in Ihrem lokalen PEAR-Verzeichnis, üblicherweise unter */usr/lib/php/PHPUnit2*.

Obwohl die Verwendung des PEAR Installer die einzige unterstützte Installationsmöglichkeit darstellt, kann PHPUnit auch »von Hand« installiert werden. Hierzu führen Sie die folgenden Schritte durch:

1. Laden Sie ein Release-Archiv von *http://pear.php.net/package/ PHPUnit2/download* und entpacken Sie es in ein Verzeichnis, das als `include_path` in Ihrer *php.ini*-Konfigurationsdatei angegeben ist.

2. Bereiten Sie das *phpunit*-Skript vor:

    a) Benennen Sie das *pear-phpunit*-Skript in *phpunit* um.

    b) Ersetzen Sie den `@php_bin@`-String mit dem Pfad zum PHP-Kommandozeilen-Interpreter (üblicherweise */usr/bin/php*).

    c) Kopieren Sie das *phpunit*-Skript in ein Verzeichnis, das in Ihrem *PATH* liegt, und machen Sie es ausführbar (`chmod +x phpunit`).

3. Ersetzen Sie den `@package_version@`-String in *PHPUnit2/Runner/ Version.php* mit der Nummer der PHPUnit-Version, die Sie installieren (beispielsweise 2.3.0).

---

1 *http://www.phpunit.de/*

2 *http://pear.php.net/*

Der textbasierte Testrunner

Der textbasierte Testrunner wird über das Kommando phpunit aufgerufen. Der folgende Code zeigt, wie Sie Tests mit dem textbasierten Testrunner ausführen:

```
phpunit ArrayTest
PHPUnit 2.3.0 by Sebastian Bergmann.

..

Time: 0.067288

OK (2 tests)
```

Für jeden ausgeführten Test gibt der textbasierte Testrunner ein Zeichen aus, um den Fortschritt des Testvorgangs anzuzeigen:

. wird ausgegeben, wenn der Test erfolgreich ausgeführt wurde.

F wird ausgegeben, wenn bei der Ausführung des Tests eine Zusicherung verletzt wurde.

E wird ausgegeben, wenn bei der Ausführung des Tests ein Fehler aufgetreten ist.

I wird ausgegeben, wenn der Test als unvollständig oder noch nicht implementiert (siehe Abschnitt »Unvollständige Tests« weiter unten) markiert wurde.

PHPUnit unterscheidet zwischen *Failures* (*Versagern*) und *Errors* (*Fehlern*). Ein Versager repräsentiert die Verletzung einer PHPUnit-Zusicherung. Ein Fehler ist dagegen eine unerwartete Ausnahme oder ein PHP-Fehler. Diese Unterscheidung erweist sich zuweilen als nützlich, weil Fehler im Allgemeinen leichter behoben werden können, während Versager generell schwerer auszumerzen sind. Wenn Sie eine lange Liste von Problemen haben, gehen Sie am besten zuerst die Fehler an und schauen dann nach, ob nach deren Behebung noch irgendwelche Versager übrig geblieben sind.

Werfen wir einen Blick auf die Kommandozeilen-Parameter des textbasierten Testrunners:

```
phpunit -help
PHPUnit 2.3.0 by Sebastian Bergmann.

Usage: phpunit [switches] UnitTest [UnitTest.php]
  --coverage-data <file> Write Code Coverage data
                         in raw format to file.
  --coverage-html <file> Write Code Coverage data
                         in HTML format to file.
  --coverage-text <file> Write Code Coverage data
                         in text format to file.

  --testdox-html <file>  Write agile documentation
                         in HTML format to file.
  --testdox-text <file>  Write agile documentation
                         in Text format to file.
  --log-xml <file>       Log test progress in XML format
                         to file.

  --loader <loader>      TestSuiteLoader implementation to use.

  --skeleton             Generate skeleton UnitTest class for
                         Unit in Unit.php.

  --wait                 Waits for a keystroke after each test.

  --help                 Prints this usage information.
  --version              Prints the version and exits.
```

phpunit UnitTest

Führt die Tests der Testfall-Klasse UnitTest aus. Die Deklaration dieser Klasse wird in der Quelltext-Datei *UnitTest.php* erwartet.

Die Klasse UnitTest muss entweder PHPUnit2_Framework_TestCase als Elternklasse haben oder eine public static suite()-Methode zur Verfügung stellen, die ein Objekt vom Typ PHPUnit2_Framework_Test zurückliefert. Dies kann beispielsweise ein Objekt der Klasse PHPUnit2_Framework_TestSuite sein.

phpunit UnitTest UnitTest.php

Führt die Tests der Testfall-Klasse UnitTest aus. Die Deklaration dieser Klasse wird in der angegebenen Quelltext-Datei erwartet.

`--coverage-data`, `--coverage-html` und `--coverage-text`
: Kontrollieren die Sammlung und Auswertung von Code-Coverage-Informationen für die ausgeführten Tests, die Thema des Abschnitts »Code-Coverage-Analyse« sind.

`--testdox-html` und `--testdox-text`
: Erzeugen agile Dokumentationen im HTML- oder Text-Format für die ausgeführten Tests. Weitere Informationen hierzu finden Sie im Abschnitt »Weitere Anwendungsmöglichkeiten für Tests« weiter unten.

`--log-xml`
: Erzeugt ein XML-Protokoll für die ausgeführten Tests.

Das folgende Beispiel zeigt das XML-Protokoll für die Tests der Klasse *ArrayTest*:

```xml
<?xml version="1.0" encoding="UTF-8"?>
<testsuites>
  <testsuite name="ArrayTest" tests="2" failures="0" errors="0"
    time="0.020026">
    <testcase name="testNewArrayIsEmpty" class="ArrayTest"
      time="0.014449"/>
    <testcase name="testArrayContainsAnElement" class="ArrayTest"
      time="0.005577"/>
  </testsuite>
</testsuites>
```

Dieses XML-Protokoll wurde für zwei Tests – testFailure und testError – einer Testfall-Klasse FailureErrorTest erzeugt. Es zeigt, wie Versager und Fehler protokolliert werden:

```xml
<?xml version="1.0" encoding="UTF-8"?>
<testsuites>
  <testsuite name="FailureErrorTest" tests="2" failures="1"
    errors="1" time="0.013603">
    <testcase name="testFailure" class="FailureErrorTest"
      time="0.011872">
      <failure message="" type="PHPUnit2_Framework_
        AssertionFailedError"></failure>
    </testcase>
    <testcase name="testError" class="FailureErrorTest"
      time="0.001731">
      <error message="" type="Exception"></error>
```

```xml
    </testcase>
   </testsuite>
  </testsuites>
```

`--loader`
> Gibt die zu verwendende Implementierung von `PHPUnit2_Runner_TestSuiteLoader` an.
>
> Der Standard-Testsuite-Lader sucht nach der Quelltext-Datei im aktuellen Verzeichnis sowie in jedem Verzeichnis, das über die PHP-Konfigurationsdirektive `include_path` angegeben ist. Den PEAR-Konventionen folgend, wird die Klasse `Project_Package_Class` in der Quelltext-Datei *Project/Package/Class.php* erwartet.

`--skeleton`
> Erzeugt ein Skelett einer Testfall-Klasse `UnitTest` (in *UnitTest.php*) für eine Klasse `Unit` (in *Unit.php*). Für jede Methode der Klasse `Unit` wird ein unvollständiger Test (siehe Abschnitt »Unvollständige Tests« weiter unten) in `UnitTest` erzeugt.
>
> Das folgende Beispiel zeigt, wie ein Testfall-Klassenskelett für eine Klasse mit Namen `Sample` erzeugt wird.
>
> ```
> phpunit --skeleton Sample
> PHPUnit 2.3.0 by Sebastian Bergmann.
>
> Wrote test class skeleton for Sample to SampleTest.php.
>
> phpunit SampleTest
> PHPUnit 2.3.0 by Sebastian Bergmann.
>
> I
>
> Time: 0.007268
> There was 1 incomplete test case:
> 1) testSampleMethod(SampleTest)
>
>
> OK, but incomplete test cases!!!
> Tests run: 1, incomplete test cases: 1.
> ```

Wenn Sie Tests für existierenden Code schreiben, müssen Sie immer wieder die gleichen Codefragmente wie

```
    public function testSampleMethod() {
    }
```

schreiben. PHPUnit kann Ihnen bei dieser Arbeit helfen, indem es den zu testenden Code analysiert und ein entsprechendes Testfall-Klassenskelett generiert.

`--wait`

Veranlasst den Testrunner dazu, das Programm erst dann zu beenden, wenn Sie ein Zeichen an der Konsole eingeben. Dies ist dann hilfreich, wenn Sie die Tests in einem Fenster starten, das nur so lange offen bleibt, wie der Testrunner aktiv ist.

TIPP

Wenn der getestete Code PHP-Syntaxfehler enthält, kann es vorkommen, dass der textbasierte Testrunner die Ausführung abbricht, ohne dass eine Fehlermeldung ausgegeben wird. Der Standard-Testsuite-Lader prüft die Quelltext-Datei der Testsuite auf PHP-Syntaxfehler, nicht aber weitere von dieser inkludierte Quelltext-Dateien. Zukünftige Versionen von PHPUnit werden dieses Problem durch Verwendung eines Sandbox-PHP-Interpreters lösen.

Testinventar

Eine der zeitraubendsten Arbeiten beim Erstellen von Tests besteht darin, Code zu schreiben, mit dem die Welt vor dem Test in einen definierten Zustand versetzt wird und wieder in ihren ursprünglichen Zustand gebracht wird, nachdem der Test abgeschlossen worden ist. Diesen wohldefinierten Zustand bezeichnen wir als *Testinventar* oder englisch *fixture*.

In Beispiel 5 bestand das Testinventar lediglich aus einem einfachen Array, das in der Variablen $fixture abgelegt wurde. In den meisten Fällen wird das Testinventar allerdings komplexer aufgebaut sein, und der für das Vorbereiten des Testinventars benötigte Code wird entsprechend wachsen. Der eigentliche Inhalt des Tests verschwindet dann zwischen dem vielen Code, der für den Aufbau eines vorhersagbaren Zustands der Welt benötigt wird, in dem die Tests laufen sollen. Noch größer wird das Problem, wenn Sie mehrere Tests mit ähnlicher Initialisierung schreiben wollen. Wenn uns das Test-Framework nicht dabei helfen würde, müssten wir das obige Muster für jeden zu schreibenden Test duplizieren.

PHPUnit hilft uns dabei, den Initialisierungscode mehrfach zu verwenden. Bevor eine Testmethode läuft, wird eine Schablonenmethode namens setUp() aufgerufen. setUp() ist dafür vorgesehen, dass Sie dort die Objekte erzeugen, mit denen Sie die Tests durchführen wollen. Wurde ein Test ausgeführt, wird unabhängig davon, ob er erfolgreich war oder nicht, eine weitere Schablonenmethode namens tearDown() aufgerufen. Diese ist dafür gedacht, die Objekte aufzuräumen, mit denen der Test durchgeführt wurde.

Sie können nun Beispiel 5 verbessern, indem Sie in setUp() eine Instanzvariable $fixture vorbereiten, die in den Testmethoden an Stelle einer Methoden-lokalen Variablen verwendet wird. Hiermit verhindern Sie die Code-Duplikation, die vorher bestand.

```php
<?php
require_once 'PHPUnit2/Framework/TestCase.php';

class ArrayTest extends PHPUnit2_Framework_TestCase {
    protected $fixture;

    protected function setUp() {
        // Array-Fixture erzeugen.
        $this->fixture = Array();
    }

    public function testNewArrayIsEmpty() {
        // Der erwartete Wert von sizeof($fixture) ist 0.
        $this->assertEquals(0, sizeof($this->fixture));
    }

    public function testArrayContainsAnElement() {
        // Ein Element dem Array hinzufügen.
        $this->fixture[] = 'Element';

        // Der erwartete Wert von sizeof($fixture) ist 1.
        $this->assertEquals(1, sizeof($this->fixture));
    }
```

```
    }
?>
```

Bei jedem Durchlauf einer Testmethode werden setUp() und tearDown() genau einmal aufgerufen. Es mag sparsamer erscheinen, diese Methoden für alle Testaufrufe einer Testfall-Klasse nur einmal aufzurufen, aber es wäre dann sehr viel schwieriger, Tests zu schreiben, die vollständig unabhängig voneinander sind.

Abgesehen davon, dass für jede Testmethode setUp() und tearDown() aufgerufen werden, laufen die Testmethoden auch jeweils mit frisch erzeugten Instanzen der Testfall-Klasse (siehe Abschnitt »Wie PHPUnit implementiert ist« weiter unten).

Mehr setUp() als tearDown()

In der Theorie sehen setUp() und tearDown() schön symmetrisch aus, in der Praxis sind sie es aber nicht. Sie müssen tearDown() tatsächlich nur implementieren, wenn Sie in setUp() externe Ressourcen wie Dateien oder Sockets alloziert haben. Dient Ihr setUp() nur dazu, einfache PHP-Objekte zu allozieren, können Sie im Allgemeinen tearDown() ignorieren. Wenn Sie allerdings viele Objekte in Ihrem setUp() erzeugen, so sollten Sie die auf diese Objekte verweisenden Variablen mit unset() leeren, damit sie von der Garbage Collection erfasst werden können. Die Testfall-Objekte werden nämlich zu keiner vorhersagbaren Zeit der Garbage Collection unterzogen.

Variationen

Wie gehen Sie vor, wenn Sie zwei Tests mit nur geringfügig unterschiedlichen Initialisierungen haben? Hierfür gibt es zwei Möglichkeiten:

- Wenn die Unterschiede in setUp() gering sind, verschieben Sie den variablen Teil aus setUp() in die Testmethode.
- Wenn setUp() wirklich unterschiedlich ist, benötigen Sie eine andere Testfall-Klasse. Benennen Sie die Klassen entsprechend ihrer unterschiedlichen Initialisierung.

Initialisierung auf Testreihen-Ebene

Für die Initialisierung auf der Ebene der Testreihe bietet PHPUnit keine besonders komfortable Unterstützung. Es gibt durchaus Gründe dafür, Teile des Inventars von mehreren Tests gemeinsam nutzen zu lassen. Allerdings ist der eigentliche Grund für die Nutzung von gemeinsam genutztem Testinventar in der Regel ein ungelöstes Designproblem.

Ein gutes Beispiel dafür, wann es sinnvoll ist, Teile des Inventars von mehreren Tests gemeinsam nutzen zu lassen, sind Tests, die mit einer Datenbank interagieren. So gibt es beispielsweise die Möglichkeit, sich nur einmal bei einer Datenbank anzumelden und die resultierende Datenbankverbindung in verschiedenen Tests zu verwenden. Das beschleunigt Ihre Tests natürlich. Zu diesem Zweck verpacken Sie die Testreihe, die Sie beim Aufruf der Klassenmethode suite() erhalten, in einem Objekt der Klasse PHPUnit2_Extensions_TestSetup, das die Methoden setUp() und tearDown() so überschreibt, dass darin eine Datenbankverbindung hergestellt bzw. wieder geschlossen wird. Beispiel 6 zeigt mit DatabaseTestSetup eine mögliche Implementierung von PHPUnit2_Extensions_TestSetup. Die Tests der Testfall-Klasse DatabaseTests können beispielsweise mit phpunit DatabaseTestSetup über den testbasierten Testrunner so ausgeführt werden, dass sie von DatabaseTestSetup decoriert werden.

Beispiel 6: Initialisierung auf Testreihen-Ebene

```php
<?php
require_once 'PHPUnit2/Framework/TestSuite.php';
require_once 'PHPUnit2/Extensions/TestSetup.php';

class DatabaseTestSetup extends PHPUnit2_Extensions_TestSetup {
    protected $connection = NULL;

    protected function setUp() {
        $this->connection = new PDO(
          'mysql:host=wopr;dbname=test',
          'root',
          ''
        );
    }
```

Beispiel 6: Initialisierung auf Testreihen-Ebene (Fortsetzung)

```
    protected function tearDown() {
        $this->connection = NULL;
    }

    public static function suite() {
        return new DatabaseTestSetup(
          new PHPUnit2_Framework_TestSuite('DatabaseTests')
        );
    }
}
?>
```

Es kann aber nicht oft genug darauf hingewiesen werden, dass es den Wert Ihres Tests vermindert, wenn Sie dasselbe Inventar in mehreren Tests verwenden. Das hier zu Grunde liegende Designproblem besteht darin, dass die Objekte zu eng miteinander verknüpft sind. Es wäre günstiger, erst das Design zu verbessern und dann Tests mit Hilfe von Stubs (siehe Abschnitt »Stubs« weiter unten) zu schreiben. Indem Sie Laufzeit-Abhängigkeiten herstellen, verpassen Sie eine Gelegenheit zur Verbesserung des Designs.

Ausnahmen und Geschwindigkeit testen

PHPUnit bietet zwei Erweiterungen der Standard-Basisklasse für Testfall-Klassen, PHPUnit2_Framework_TestCase, die beim Schreiben von Tests für Ausnahmen und Ausführungsgeschwindigkeit helfen.

Ausnahmen testen

Wie werden Ausnahmen getestet? Es lässt sich keine Zusicherung (Assertion) formulieren, die prüft, ob eine Ausnahme ausgelöst worden ist. Stattdessen müssen Sie beim Schreiben des Tests die durch PHP gegebenen Möglichkeiten zur Ausnahmebehandlung nutzen.

```
<?php
require_once 'PHPUnit2/Framework/TestCase.php';
```

```
class ExceptionTest extends PHPUnit2_Framework_TestCase {
    public function testException() {
        try {
            // ... Code, von dem wir das Auslösen
            // einer Ausnahme erwarten ...
            $this->fail('Eine erwartete Ausnahme
                        wurde nicht ausgelöst.');
        }

        catch (Exception $expected) {
        }
    }
}
?>
```

Wenn der Code, von dem wir das Auslösen einer Ausnahme erwarten, keine Ausnahme auslöst, stoppt der nachfolgende Aufruf von fail() (siehe Tabelle 7) den Test und signalisiert das Problem. Wird dagegen die Ausnahme wie erwartet ausgelöst, kommt der catch-Block zur Ausführung, und der Testlauf wird fortgesetzt.

Alternativ können Sie Ihre Testfall-Klasse von PHPUnit2_Extensions_ExceptionTestCase ableiten, um zu testen, ob eine erwartete Ausnahme vom getesteten Code ausgelöst wird. Beispiel 7 zeigt, wie Sie mit der Methode setExpectedException() die erwartete Ausnahme setzen. Wird diese Ausnahme während der Ausführung der Testmethode nicht ausgelöst, wird der Test als Failure gewertet.

Beispiel 7: PHPUnit2_Extensions_ExceptionTestCase verwenden

```
<?php
require_once 'PHPUnit2/Extensions/ExceptionTestCase.php';

class ExceptionTest extends PHPUnit2_Extensions_ExceptionTestCase {
    public function testException() {
        $this->setExpectedException('Exception');
    }
}
?>
```

Beispiel 7: PHPUnit2_Extensions_ExceptionTestCase verwenden (Forts.)

phpunit ExceptionTest
PHPUnit 2.3.0 by Sebastian Bergmann.

F

Time: 0.006798
There was 1 failure:
1) testException(ExceptionTest)
Expected exception Exception

FAILURES!!!
Tests run: 1, Failures: 1, Errors: 0, Incomplete Tests: 0.

Tabelle 1 führt das externe Protokoll von PHPUnit2_Extensions_ExceptionTestCase auf.

Tabelle 1: Das externe Protokoll von ExceptionTestCase

Methode	Aktion
void setExpectedException (String $exceptionName)	Setzt den Namen der erwarteten Ausnahme.
String getExpectedException()	Liefert den Namen der erwarteten Ausnahme.

Geschwindigkeit testen

Sie können Ihre Testfall-Klasse von PHPUnit2_Extensions_PerformanceTestCase ableiten, um zu testen, ob ein Funktions- oder Methodenaufruf innerhalb eines angegebenen Zeitlimits ausgeführt wird.

Beispiel 8 zeigt, wie Sie mit der Methode setMaxRunningTime() ein Zeitlimit für die Ausführung der Testmethode festlegen können. Wird die Ausführung der Testmethode nicht innerhalb dieses Zeitlimits abgeschlossen, wird der Test als Failure gewertet.

Beispiel 8: PHPUnit2_Extensions_PerformanceTestCase verwenden

```
<?php
require_once 'PHPUnit2/Extensions/PerformanceTestCase.php';

class PerformanceTest extends PHPUnit2_Extensions_
PerformanceTestCase {
    public function testPerformance() {
        $this->setMaxRunningTime(2);
        sleep(1);
    }
}
?>
```

Tabelle 2 führt das externe Protokoll von PHPUnit2_Extensions_PerformanceTestCase auf.

Tabelle 2: Das externe Protokoll von PerformanceTestCase

Methode	Aktion
void setMaxRunningTime (integer $maxRunningTime)	Setzt die maximale Ausführungszeit des Tests auf $maxRunningTime (in Sekunden).
integer getMaxRunningTime()	Liefert die maximale Ausführungszeit des Tests.

Unvollständige Tests

Wenn Sie eine neue Testfall-Klasse schreiben, möchten Sie vielleicht mit leeren Testmethoden wie

```
public function testSomething() {
}
```

beginnen, um so den Überblick darüber zu behalten, welche Tests Sie schreiben müssen. Das Problem mit leeren Testmethoden ist, dass sie vom PHPUnit-Framework als erfolgreich gewertet werden. Diese Missinterpretation führt dazu, dass Ihre Testreports nutzlos werden: Sie können nicht erkennen, ob ein Test tatsächlich erfolgreich durchlaufen wurde oder ob er nur noch nicht implementiert ist. Das Aufrufen von $this->fail() in der noch nicht implementierten Testmethode hilft ebenfalls nicht, da der Test dann als fehlgeschlagen gewertet würde. Dies wäre genauso falsch wie die Interpretation eines noch nicht implementierten Tests als Erfolg.

Wenn wir uns einen erfolgreichen Test als »grünes Lämpchen« und einen fehlgeschlagenen Test als »rotes Lämpchen« vorstellen, benötigen wir also zusätzlich ein »gelbes Lämpchen«, um einen Test als unvollständig oder noch nicht implementiert markieren zu können. PHPUnit2_Framework_IncompleteTest ist eine Schnittstelle, mit der eine Ausnahme markiert werden kann. Wird eine solche Ausnahme in einer Testmethode ausgelöst, wird der Test als unvollständig oder noch nicht implementiert markiert. PHPUnit2_Framework_IncompleteTestError ist die Standard-Implementierung dieser Markierer-Schnittstelle.

Beispiel 9 zeigt die Testfall-Klasse SampleTest. Diese enthält eine Testmethode testSomething(), in der die Ausnahme PHPUnit2_Framework_IncompleteTestError ausgelöst wird, um den Test als unvollständig zu markieren.

Beispiel 9: Einen Test als unvollständig markieren

```
<?php
require_once 'PHPUnit2/Framework/TestCase.php';
require_once 'PHPUnit2/Framework/IncompleteTestError.php';

class SampleTest extends PHPUnit2_Framework_TestCase {
    public function testSomething() {
        // Optional: Testen Sie hier, was Sie möchten.
        $this->assertTrue(TRUE, 'Dies sollte bereits
                                funktionieren.');

        // Test anhalten und als unvollständig markieren.
        // Hierzu können Sie jede Ausnahme verwenden, die die
        // Schnittstelle PHPUnit2_Framework_IncompleteTest
        // implementiert.
        throw new PHPUnit2_Framework_IncompleteTestError(
          'Dieser Test ist noch nicht fertig ausprogrammiert.'
        );
    }
}
?>
```

Ein unvollständiger Test wird mit einem I in der Ausgabe des textbasierten Testrunners angezeigt, wie folgendes Beispiel zeigt:

```
phpunit SampleTest
PHPUnit 2.3.0 by Sebastian Bergmann.

I

Time: 0.006657
There was 1 incomplete test case:
1) testSomething(SampleTest)
Dieser Test ist noch nicht fertig ausprogrammiert.

OK, but incomplete test cases!!!
Tests run: 1, incomplete test cases: 1.
```

Test-First-Programmierung

Unit-Tests sind essenzieller Bestandteil verschiedener Software-Entwicklungsprozesse wie Test-First-Programmierung, Extreme Programming[3] und testgetriebene Entwicklung[4]. Ferner ermöglichen sie die Entwicklung im Stile von Design-by-Contract[5] in Programmiersprachen wie PHP, die diese Methode nicht auf Sprachebene unterstützen.

Auch wenn Sie PHPUnit verwenden, können Sie Ihre Tests erst dann schreiben, wenn Sie mit dem Programmieren fertig sind. Erinnern Sie sich aber an die Erkenntnis, dass Tests umso wertvoller sind, je kürzer der Abstand zwischen ihrer Ausführung und Zeitpunkt der potenziellen Entstehung eines Fehlers ist. Anstatt also die Tests erst Monate nach dem Abschluss der Programmierarbeiten zu schreiben, können Sie sie auch Tage oder Stunden oder Minuten nach dem potenziellen Einfügen eines Fehlers in den Code schreiben. Aber warum nicht sogar noch weiter gehen? Warum nicht Tests noch etwas früher schreiben, und zwar bevor überhaupt ein Fehler entstehen kann?

---

3 *http://de.wikipedia.org/wiki/Extreme_Programming*

4 *http://en.wikipedia.org/wiki/Test-driven_development*

5 *http://de.wikipedia.org/wiki/Design_by_Contract*

Test-First-Programmierung als Bestandteil von Extreme Programming und testgetriebener Entwicklung baut auf dieser Idee auf. Die heutige Computertechnik gibt uns die Möglichkeit, tausendmal am Tag tausende von Tests auszuführen. Die Rückmeldungen aus all diesen Tests ermöglichen es uns, in kleinen Schritten zu programmieren und jeden dieser Schritte durch einen neuen automatisierten Test abzusichern, den wir den bereits bestehenden Tests hinzufügen. Die Tests haben für Sie die gleiche Funktion wie die Felshaken für Bergsteiger: Sie geben Ihnen die Sicherheit, dass Sie, egal was passiert, immer nur das letzte Stück zurückfallen können.

Wenn man die Tests zuerst schreibt, lassen sie sich zunächst nicht ausführen, da sie Objekte und Methoden verwenden, die noch nicht definiert sind. Dies mag einem zunächst merkwürdig vorkommen, aber mit der Zeit gewöhnt man sich daran. Die Test-First-Programmierung bietet eine pragmatische Möglichkeit, das Prinzip der Programmierung gegen eine Schnittstelle an Stelle einer Implementierung umzusetzen: Während Sie die Tests schreiben, denken Sie über die Schnittstelle des Objekts nach, das Sie gerade testen – wie sieht dieses Objekt von außen aus? Wenn Sie darangehen, den tatsächlichen Code zu schreiben, der hinter dem getesteten Objekt steht, denken Sie nur über die Implementierung nach. Die Schnittstelle ist durch den fehlschlagenden Test festgelegt.

Was nun folgt, ist eine zwangsläufig verkürzte Einführung in die Test-First-Programmierung. Es gibt andere Bücher, mit deren Hilfe Sie sich tiefer in dieses Thema einarbeiten können, zum Beispiel *Test-Driven Development: By Example* von Kent Beck (Addison Wesley) oder *Test-Driven Development: A Practical Guide* von Dave Astels (Prentice Hall).

Beispiel: Bankkonto

Als Beispiel betrachten wir eine Klasse, die ein Bankkonto repräsentieren soll. Der Vertrag für diese Klasse sieht nicht nur Methoden für den lesenden und schreibenden Zugriff auf das Bankkonto vor, sondern auch für die Einhaltung der beiden folgenden Bedingungen:

- Der Kontostand ist zu Beginn null.
- Der Kontostand kann nicht negativ werden.

Der Test-First-Programmierung folgend, schreiben Sie die Tests für die Klasse BankAccount, bevor Sie die Klasse selbst schreiben. Sie benutzen die Vertragsbedingungen als Ausgangspunkt für die Tests und benennen die Testmethoden entsprechend, wie in Beispiel 10 gezeigt.

Beispiel 10: Tests für die BankAccount-Klasse

```
<?php
require_once 'PHPUnit2/Framework/TestCase.php';
require_once 'BankAccount.php';

class BankAccountTest extends PHPUnit2_Framework_TestCase {
    private $ba;

    protected function setUp() {
        $this->ba = new BankAccount;
    }

    public function testBalanceIsInitiallyZero() {
        $this->assertEquals(0, $this->ba->getBalance());
    }

    public function testBalanceCannotBecomeNegative() {
        try {
            $this->ba->withdrawMoney(1);
        }

        catch (Exception $e) {
            return;
        }

        $this->fail();
    }

    public function testBalanceCannotBecomeNegative2() {
        try {
            $this->ba->depositMoney(-1);
        }

        catch (Exception $e) {
```

Beispiel 10: Tests für die BankAccount-Klasse (Fortsetzung)

```
            return;
        }

        $this->fail();
    }

    public function testBalanceCannotBecomeNegative3() {
        try {
            $this->ba->setBalance(-1);
        }

        catch (Exception $e) {
            return;
        }

        $this->fail();
    }
}
?>
```

Nun schreiben Sie den minimal benötigten Code, damit der erste Test, testBalanceIsInitiallyZero(), erfolgreich laufen kann. Dies bedeutet, dass Sie die Methode getBalance() der Klasse BankAccount, wie in Beispiel 11 gezeigt, implementieren.

Beispiel 11: Benötigter Code, damit der erste Test erfolgreich laufen kann

```
<?php
class BankAccount {
    private $balance = 0;

    public function getBalance() {
        return $this->balance;
    }
}
?>
```

Der Test für die erste Vertragsbedingung läuft nun erfolgreich. Die Tests für die zweite Vertragsbedingung schlagen allerdings noch fehl, da die entsprechenden Methoden der Klasse BankAccount noch nicht implementiert worden sind.

```
phpunit BankAccountTest
PHPUnit 2.3.0 by Sebastian Bergmann.

.
Fatal error: Call to undefined method BankAccount::
withdrawMoney()
```

Damit die Tests, die die Einhaltung der zweiten Vertragsbedingung überwachen, erfolgreich laufen können, müssen Sie die Methoden withdrawMoney(), depositMoney() und setBalance() der Klasse Bank-Account, wie in Beispiel 12 gezeigt, implementieren. Diese Methoden werden so implementiert, dass sie eine InvalidArgumentException auslösen, wenn sie mit Parameterwerten, die den Vertrag verletzen würden, aufgerufen werden.

Beispiel 12: Die vollständige BankAccount-Klasse

```php
<?php
class BankAccount {
    private $balance = 0;

    public function getBalance() {
        return $this->balance;
    }

    public function setBalance($balance) {
        if ($balance >= 0) {
            $this->balance = $balance;
        } else {
            throw new InvalidArgumentException;
        }
    }

    public function depositMoney($amount) {
        if ($amount >= 0) {
            $this->balance += $amount;
        } else {
            throw new InvalidArgumentException;
        }
    }

    public function withdrawMoney($amount) {
        if ($amount >= 0 && $this->balance >= $amount) {
            $this->balance -= $amount;
```

Beispiel 12: Die vollständige BankAccount-Klasse (Fortsetzung)

```
        } else {
            throw new InvalidArgumentException;
        }
    }
}
?>
```

Die Tests für die zweite Vertragsbedingung laufen nun ebenfalls erfolgreich:

```
phpunit BankAccountTest
PHPUnit 2.3.0 by Sebastian Bergmann.

....

Time: 0.057038

OK (4 tests)
```

Alternativ können Sie die statischen Methoden der Klasse PHPUnit2_Framework_Assert verwenden, um die Zusicherungen im Stile von Design-by-Contract in den Code zu schreiben, wie in Beispiel 13 gezeigt. Wenn eine Zusicherung fehlschlägt, wird eine Ausnahme vom Typ PHPUnit2_Framework_AssertionFailedError ausgelöst. Auf diese Weise müssen Sie weniger Code für die Überprüfung der Parameterwerte schreiben, und die Tests werden lesbarer. Allerdings fügen Sie Ihrem Projekt eine Laufzeitabhängigkeit von PHPUnit hinzu.

Beispiel 13: Die BankAccount-Klasse mit Zusicherungen im Stile von Design-by-Contract

```php
<?php
require_once 'PHPUnit2/Framework/Assert.php';

class BankAccount {
    private $balance = 0;

    public function getBalance() {
        return $this->balance;
    }
```

Beispiel 13: Die BankAccount-Klasse mit Zusicherungen im Stile von Design-by-Contract (Fortsetzung)

```
    public function setBalance($balance) {
        PHPUnit2_Framework_Assert::assertTrue($balance >= 0);

        $this->balance = $balance;
    }

    public function depositMoney($amount) {
        PHPUnit2_Framework_Assert::assertTrue($amount >= 0);

        $this->balance += $amount;
    }

    public function withdrawMoney($amount) {
        PHPUnit2_Framework_Assert::assertTrue($amount >= 0);
        PHPUnit2_Framework_Assert::assertTrue($this->balance
                                              >= $amount);

        $this->balance -= $amount;
    }
}
?>
```

Durch das Schreiben der Vertragsbedingungen in die Tests haben wir Design-by-Contract benutzt, um die BankAccount-Klasse zu entwerfen. Danach haben wir, dem Ansatz der Test-First-Programmierung folgend, nur so viel Code geschrieben, wie für das erfolgreiche Durchlaufen der Tests nötig ist. Allerdings haben wir vergessen, Tests zu schreiben, die setBalance(), depositMoney() und withdrawMoney() mit zulässigen Parametern aufrufen. Wir benötigen ein Hilfsmittel, um die Qualität unserer Tests zu überprüfen. Ein solches Hilfsmittel ist die Code-Coverage-Analyse, die Sie im nächsten Kapitel kennen lernen werden.

Code-Coverage-Analyse

Sie wissen nun, wie Sie mit Unit-Tests Ihren Code testen können. Aber wie testen Sie Ihre Tests? Wie finden Sie Codeabschnitte, für die Sie noch keine Tests haben – oder, anders ausgedrückt, die noch nicht durch einen Test *abgedeckt* (englisch *covered*) sind? Wie messen Sie die Vollständigkeit der Tests? All diese Fragen werden mit Hilfe der Code-Coverage-Analyse beantwortet. Diese gibt Ihnen Aufschluss darüber, welche Teile des Produktionscodes ausgeführt werden, wenn die Tests laufen.

Die Code-Coverage-Analyse von PHPUnit stützt sich auf die Statement-Coverage-Funktionalität der Xdebug-Erweiterung[6]. Unter Statement-Coverage versteht man, dass eine Methode, die 100 Codezeilen umfasst, von denen nur 75 während der Ausführung der Tests ausgeführt werden, eine Code-Coverage von 75 Prozent aufweist.

Abbildung 1 zeigt einen Code-Coverage-Report im HTML-Format für die `BankAccount`-Klasse aus Beispiel 12, der mit dem textbasierten Testrunner und der Kommandozeilen-Option `--coverage-html` erzeugt wurde. Ausführbare Codezeilen sind schwarz, nicht ausführbare sind grau. Tatsächlich ausgeführte Codezeilen sind hervorgehoben.

Dem Code-Coverage-Report können wir entnehmen, dass wir Tests schreiben müssen, die `setBalance()`, `depositMoney()` und `withdrawMoney()` mit zulässigen Parametern aufrufen, damit die `BankAccount`-Klasse vollständig durch Tests abgedeckt ist. Beispiel 14 zeigt die fehlenden Tests, die wir in `BankAccountTest` hinzufügen müssen.

---

[6] *http://www.xdebug.org/*

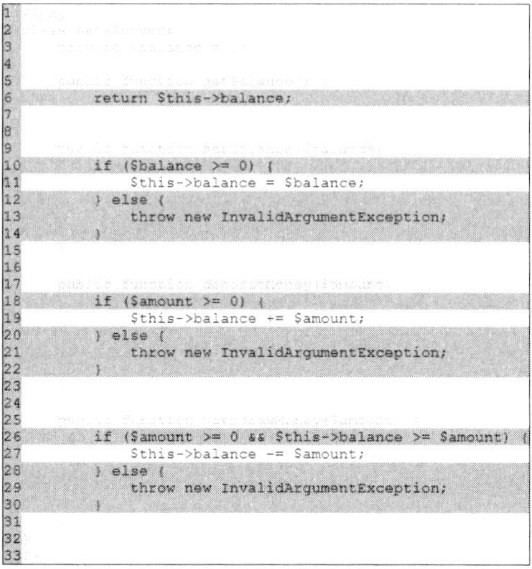

```
 1
 2
 3
 4
 5
 6         return $this->balance;
 7
 8
 9
10     if ($balance >= 0) {
11         $this->balance = $balance;
12     } else {
13         throw new InvalidArgumentException;
14     }
15
16
17
18     if ($amount >= 0) {
19         $this->balance += $amount;
20     } else {
21         throw new InvalidArgumentException;
22     }
23
24
25
26     if ($amount >= 0 && $this->balance >= $amount) {
27         $this->balance -= $amount;
28     } else {
29         throw new InvalidArgumentException;
30     }
31
32
33
```

Abbildung 1: Die BankAccount-Klasse, nicht vollständig durch Tests abgedeckt

Beispiel 14: Die BankAccount-Klasse, vollständig durch Tests abgedeckt

```php
<?php
require_once 'PHPUnit2/Framework/TestCase.php';
require_once 'BankAccount.php';

class BankAccountTest extends PHPUnit2_Framework_TestCase {
    // ...

    public function testSetBalance() {
        $this->ba->setBalance(1);
        $this->assertEquals(1, $this->ba->getBalance());
    }

    public function testDepositAndWidthdrawMoney() {
        $this->ba->depositMoney(1);
        $this->assertEquals(1, $this->ba->getBalance());
```

Beispiel 14: Die BankAccount-Klasse, vollständig durch Tests abgedeckt (Fortsetzung)

```
    $this->ba->withdrawMoney(1);
    $this->assertEquals(0, $this->ba->getBalance());
  }
}
?>
```

In Abbildung 2 sehen Sie, dass die BankAccount-Klasse nun vollständig durch Tests abgedeckt ist.

```
 1  <?php
 2  class BankAccount {
 3      private $balance = 0;
 4
 5      public function getBalance() {
 6          return $this->balance;
 7      }
 8
 9      public function setBalance($balance) {
10          if ($balance >= 0) {
11              $this->balance = $balance;
12          } else {
13              throw new InvalidArgumentException;
14          }
15      }
16
17      public function depositMoney($amount) {
18          if ($amount >= 0) {
19              $this->balance += $amount;
20          } else {
21              throw new InvalidArgumentException;
22          }
23      }
24
25      public function withdrawMoney($amount) {
26          if ($amount >= 0 && $this->balance >= $amount) {
27              $this->balance -= $amount;
28          } else {
29              throw new InvalidArgumentException;
30          }
31      }
32  }
33  ?>
```

Abbildung 2: Die BankAccount-Klasse, vollständig durch Tests abgedeckt

In Abschnitt »PHPUnit und Phing« weiter unten werden Sie lernen, wie Sie mit Phing ausführlichere Code-Coverage-Reports erstellen können.

Stubs

Tests, die nur einen Gegenstand prüfen, sind informativer als Tests, bei denen ein Versagen viele Ursachen haben kann. Wie aber können Sie Ihre Tests von äußeren Einflüssen isolieren? Ersetzen Sie einfach alle teuren, undurchsichtigen, unzuverlässigen, langsamen und komplizierten Ressourcen durch Stubs aus einfachen PHP-Objekten. Beispielsweise können Sie Elemente, die in Wirklichkeit komplizierte Berechnungen erfordern, zumindest für einzelne Tests durch die Rückgabe von Konstanten ersetzen.

Ein Problem, das mit Hilfe von Stubs gelöst werden kann, ist die Allokation teurer externer Ressourcen. Das gemeinsame Nutzen einer Datenbankverbindung durch mehrere Tests, beispielsweise durch Verwendung des `PHPUnit2_Extensions_TestSetup`-Dekorierers, hilft. Die Datenbank für die Durchführung der Tests überhaupt nicht zu verwenden ist noch besser.

Ein Nebeneffekt der Verwendung von Stubs ist die tendenzielle Verbesserung Ihrer Designs. Auf Ressourcen, die an vielen Stellen benötigt werden, greifen Sie über eine einzige Fassade zu, die Sie leicht durch einen Stub ersetzen können. Beispielsweise verwenden Sie keine über den gesamten Code verstreuten Datenbankaufrufe, sondern haben ein einziges, die Schnittstelle `IDatabase` implementierendes `Database`-Objekt. Dann erstellen Sie eine Stub-Implementierung von `IDatabase` und benutzen diese, wenn Sie Ihre Tests laufen lassen. Sie können sogar eine Wahlmöglichkeit schaffen, so dass die Tests alternativ mit der wirklichen Datenbank oder mit der Stub-Datenbank laufen und Ihre Tests sowohl für die lokale Entwicklung als auch für Integrationstests mit der richtigen Datenbank verwenden.

Funktionalität, die zur selben Zeit durch Stubs ersetzt werden muss, neigt dazu, sich auch im selben Objekt anzusammeln. Dies verbessert die Kohäsion. Und indem Sie die Funktionalität in einer einzigen, kohärenten Schnittstelle präsentieren, entkoppeln Sie diese besser vom Rest des Systems.

Self-Shunting

Manchmal müssen Sie überprüfen, ob ein Objekt korrekt aufgerufen worden ist. Dazu können Sie für das aufzurufende Objekt einen ausgewachsenen Stub erstellen. Dann wiederum kann es aber schwierig sein, auf korrekte Ergebnisse zu prüfen. Eine einfachere Lösung besteht darin, das Testfall-Objekt selbst als Stub zu benutzen. Dies bezeichnet man als *Self-Shunting*. Der Begriff ist von einem in der Medizin üblichen Verfahren übernommen worden, bei dem Blut durch einen Schlauch von einer Arterie in eine Vene geleitet wird, um eine bequeme Möglichkeit zur Injektion von Medikamenten zu schaffen.

Dafür folgt nun ein Beispiel. Angenommen, Sie möchten testen, ob die korrekte Methode eines Objekts aufgerufen wird, das ein anderes Objekt beobachtet. Zunächst machen Sie aus der Testfall-Klasse einen Implementor von Observer:

```
class ObserverTest extends PHPUnit2_Framework_TestCase
implements Observer {
}
```

Danach implementieren Sie update(), die einzige Methode in Observer, um sicherzustellen, dass diese aufgerufen wird, wenn sich der Zustand des beobachteten Objekts (Subject) ändert:

```
public $wasCalled = FALSE;

public function update(Subject $subject) {
    $this->wasCalled = TRUE;
}
```

Jetzt können Sie den Test schreiben. Erzeugen Sie ein neues Objekt der Klasse Subject und registrieren Sie das Testfall-Objekt als Beobachter. Wenn sich der Zustand des Subject-Objekts (beispielsweise durch Aufruf einer Methode doSomething()) ändert, muss dieses die update()-Methoden der registrierten Beobachter-Objekte aufrufen. Wir benutzen die Instanzvariable $wasCalled, die von unserer Implementierung von update() gesetzt wird, um zu testen, ob sich das Subject-Objekt wie erwartet verhält.

```
public function testUpdate() {
    $subject = new Subject;
    $subject->attach($this);
    $subject->doSomething();

    $this->assertTrue($this->wasCalled);
}
```

Beachten Sie, dass wir ein neues Subject-Objekt an Stelle einer globalen Instanz verwenden. Ein solcher Entwurfsstil, der die Entkopplung zwischen den Objekten verbessert und damit die Wiederverwendbarkeit erleichtert, wird durch die Verwendung von Stubs gefördert.

Wer mit dem Self-Shunt-Pattern nicht vertraut ist, für den können die Tests schwer lesbar sein. Was geschieht hier? Wie kann ein Testfall zugleich ein Beobachter sein? Wenn Sie sich aber erst einmal an diese Vorgehensweise gewöhnt haben, sind die Tests leicht zu lesen. Alles, was Sie zum Verständnis eines Tests benötigen, befindet sich in einer einzigen Klasse.

Weitere Anwendungsmöglichkeiten für Tests

Wenn Sie sich erst einmal daran gewöhnt haben, automatisierte Tests zu schreiben, werden Sie vermutlich weitere Anwendungsmöglichkeiten dafür entdecken. Hier sind einige Beispiele.

Agile Dokumentation

In einem Projekt, das mit einem agilen Software-Entwicklungsprozess wie dem Extreme Programming entwickelt wird, kommt es häufig vor, dass die Dokumentation nicht mit den Änderungen an Code und Design Schritt halten kann. Extreme Programming verlangt *kollektives Eigentum des Codes*. Daher müssen alle Entwickler wissen, wie das gesamte System funktioniert. Wenn Sie diszipliniert genug sind und konsequent »sprechende Namen« für Ihre Tests verwenden, können Sie mit Hilfe der TestDox-Funktionalität von PHPUnit automatisch eine Dokumentation für Ihr Projekt auf

Grundlage der Tests erstellen. Diese Dokumentation gibt den Entwicklern einen Überblick über die Klassen des Projekts und was von ihnen erwartet wird.

Die TestDox-Funktionalität von PHPUnit betrachtet die Testmethoden und erzeugt aus der Camel-Case-Notation der PHP-Namen Sätze: aus testBalanceIsInitiallyZero() wird »Balance is initially zero«. Gibt es mehrere Testmethoden, deren Namen sich nur durch eine Ziffer am Ende unterscheiden (beispielsweise testBalanceCannotBecomeNegative() und testBalanceCannotBecomeNegative2()), wird der entsprechende Satz (»Balance cannot become negative«) nur einmal erzeugt, und zwar dann, wenn alle diese Testmethoden erfolgreich durchlaufen wurden.

Das folgende Beispiel zeigt die mit **phpunit --testdox-text BankAccountTest.txt BankAccountTest** für die Tests aus Beispiel 10 erstellte agile Dokumentation.

```
BankAccount
 - Balance is initially zero
 - Balance cannot become negative
```

Alternativ kann die agile Dokumentation mit --testdox-html BankAccountTest.htm auch im HTML-Format erstellt werden.

Wenn Sie sich dazu entschließen, bei der Entwicklung ein externes Paket einzusetzen, gehen Sie damit ein gewisses Risiko ein. Es ist nicht auszuschließen, dass sich das Paket nicht so verhält, wie Sie es erwarten, und dass sich zukünftige Versionen in subtiler Weise so verändern, dass Ihre Programme nicht mehr funktionieren, ohne dass Sie es merken. Eine Möglichkeit, dieses Problem zu lösen, besteht darin, Annahmen über die Funktionsweise des externen Paketes durch Tests und agile Dokumentation zu dokumentieren: Jedes Mal, wenn Sie eine Annahme treffen, schreiben Sie einen Test. Wird der Test bestanden, ist Ihre Prämisse gültig. Wenn Sie die erforderliche Disziplin aufbringen und alle Annahmen durch Tests ausdrücken, brauchen Sie in der Zukunft neue Versionen des externen Paketes nicht zu fürchten. Sie lassen Ihre Testreihe laufen, und wenn diese erfolgreich verläuft, können Sie davon ausgehen, dass Ihre Programme weiterhin wie erwartet funktionieren. Andernfalls müssen Sie näher untersuchen, was sich geändert hat.

Teamübergreifende Tests

Wenn Sie Tests dazu verwenden, Prämissen zu dokumentieren, gehören die Tests Ihnen. In diesem Fall haben Sie mit dem Lieferanten des Pakets, auf das Sie sich verlassen können müssen, eine eher distanzierte Beziehung. Ist die Beziehung zu dem Hersteller aber enger oder streben Sie eine engere Beziehung an, können Tests eine Möglichkeit zur Koordination Ihrer Aktivitäten sein.

Können Sie sich mit dem Ersteller auf eine API einigen, ist es Ihnen möglich, die Tests gemeinsam zu schreiben und zu pflegen. Sie setzen sich mit dem Lieferanten zusammen und codieren die Tests so, dass sie so viele Prämissen wie möglich deutlich machen. Versteckte Anforderungen sind der Tod jeder Kooperation. Anhand der Tests weiß der Hersteller genau, was von ihm erwartet wird. Er braucht erst wiederzukommen, wenn alle Tests erfolgreich laufen.

Mit dem Konzept der Stubs aus dem vorigen Kapitel können Sie die beiden Teams noch weiter entkoppeln:

- Die Aufgabe des Herstellerteams besteht darin, die Tests zum Laufen zu bringen, indem es die Stub-Objekte durch reale Implementierungen ersetzt.
- Ihre Aufgabe ist es, dafür zu sorgen, dass Ihr eigener Code mit den Stub-Objekten funktioniert, bis er schließlich die eigentliche Implementierung erhält.

Auf diese Weise können beide Teams unabhängig voneinander arbeiten.

Debugging mit Tests

Wenn Sie eine Fehlermeldung erhalten, so mag Ihre spontane Reaktion darauf sein, den Fehler so schnell wie möglich zu beheben. Diese Neigung ist aber selten hilfreich, da es sehr wahrscheinlich ist, dass Sie mit Ihrer »Reparatur« einen anderen Fehler verursachen.

Tests bieten eine Möglichkeit, diesen spontanen Drang im Zaum zu halten.

1. Verifizieren Sie, dass Sie den Fehler reproduzieren können.
2. Finden Sie die kleinstmögliche Programmeinheit, in der sich der Fehler noch darstellen lässt. Wenn beispielsweise eine Zahl in der Ausgabe fehlerhaft dargestellt wird, suchen Sie das Objekt, das diese Zahl berechnet.
3. Schreiben Sie einen automatisierten Test, der jetzt versagt, aber der erfolgreich verlaufen muss, wenn der Mangel behoben ist.
4. Beseitigen Sie den Fehler.

Die Suche nach der kleinstmöglichen zuverlässigen Reproduktion des Fehlers gibt Ihnen die Möglichkeit, sich wirklich auf die Ursache des Problems zu konzentrieren. Der Test, den Sie schreiben, erhöht die Wahrscheinlichkeit, dass Sie durch die Reparatur wirklich nur den Fehler beseitigen. Zusätzlich vermindert der neue Test die Wahrscheinlichkeit, dass die Korrektur zu einem späteren Zeitpunkt versehentlich rückgängig gemacht wird. Die bereits existierenden Tests tragen dafür Sorge, dass die Korrektur des aktuellen Problems ihrerseits keine neuen Probleme verursacht.

Refactoring mit Tests

Erst automatisierte Tests machen die zum Erreichen des einfachsten Designs nötigen Änderungen (Refactoring, »neu herstellen«) am Code sinnvoll durchführbar. Ohne sie müsste jede Methode einer jeden Klasse von Hand getestet werden, wenn der Code einer Klasse geändert wurde. Der Vorgang des Refactoring kann in kleine Einzelschritte aufgeteilt werden, die verhaltensneutral sind.

Die folgenden Schritte helfen Ihnen, Code und Design Ihres Projekts zu verbessern und dabei jeden Einzelschritt mit Unit-Tests abzusichern, damit das Ergebnis wirklich verhaltensneutral ist:

1. Alle Unit-Tests laufen.
2. Der Code kommuniziert alle seine Designkonzepte.
3. Der Code enthält keine Redundanz.
4. Der Code enthält, unter Berücksichtigung der obigen Regeln, die geringstmögliche Anzahl an Klassen und Methoden.

PHPUnit und Phing

Phing (PHing Is Not GNU make)[7] ist eine Portierung von Apache Ant[8], dem automatischen Build-Werkzeug der Java-Welt. Im Kontext von PHP, in dem Sie Ihr Projekt nicht bauen und ihre Quelltexte nicht kompilieren müssen, ist die Intention von Phing eine andere als die des Vorbilds. Mit Phing können Sie Arbeiten wie Packaging, Deployment und Testen Ihrer Anwendung automatisieren und vereinfachen. Hierfür stellt Phing eine Reihe von Modulen, so genannte *Tasks*, zur Verfügung.

Phing wird mit dem PEAR Installer installiert, wie in dieser Befehlszeile zu sehen:

```
pear install http://phing.info/pear/phing-2.1.0-pear.tgz
```

Phing benutzt einfache XML-Dateien, die einen Baum so genannter *Targets* definieren, die ihrerseits verschiedene Tasks ausführen. Einer der von Phing zur Verfügung gestellten Tasks ist der <phpunit2>-Task. Dieser stellt eine Portierung des JUnit-Tasks von Apache Ant dar.

Beispiel 15 zeigt eine *build.xml*-Datei für Phing, die ein <project> mit dem Namen »BankAccount« spezifiziert. Das Standard-<target> dieses Projekts ist »test«. Dieses Target führt, unter Verwendung des <phpunit2>-Tasks, alle Testfälle aus, die in Quelltext-Dateien gefunden werden, auf die die *Test.php-Bedingung zutrifft. Hierzu wird ein <batchtest>-Element verwendet, das die Dateien von einem oder mehreren <fileset>-Elementen aufnimmt. In unserem Beispiel werden die Tests der Klasse BankAccountTest aus *BankAccountTest.php* ausgeführt.

Beispiel 15: build.xml-Phing-Datei für die Tests der BankAccount-Klasse

```xml
<?xml version="1.0"?>

<project name="BankAccount" basedir="." default="test">
  <target name="test">
```

---

[7] http://www.phing.info/
[8] http://ant.apache.org/

Beispiel 15: build.xml-Phing-Datei für die Tests der BankAccount-Klasse (Fortsetzung)

```xml
    <phpunit2 haltonfailure="true" printsummary="true">
      <batchtest>
        <fileset dir=".">
          <include name="*Test.php"/>
        </fileset>
      </batchtest>
    </phpunit2>
  </target>
</project>
```

Der Aufruf von Phing in dem Verzeichnis mit der *build.xml*-Datei (Beispiel 15) sowie den Quelltext-Dateien *BankAccount.php* (Beispiel 12) und *BankAccountTest.php* (Beispiel 10) wird die Tests ausführen:

```
phing
Buildfile: /home/sb/build.xml

BankAccount > test:
  [phpunit2] Tests run: 4, Failures: 0, Errors: 0,
            Time elapsed: 0.00067 sec

BUILD FINISHED

Total time: 0.0960 seconds
```

Tabelle 3 zeigt die Parameter für den <phpunit2>-Task.

Tabelle 3: Attribute für das <phpunit2>-Element

Name	Typ	Beschreibung	Default
haltonerror	Boolean	Hält den Phing-Prozess an, wenn bei der Ausführung der Tests ein Fehler auftritt.	false
haltonfailure	Boolean	Hält den Phing-Prozess an, wenn bei der Ausführung der Tests ein Versager auftritt. Fehler führen ebenfalls zum Abbruch.	false
printsummary	Boolean	Gibt einzeilige Statistiken für jeden Testfall aus.	false

Das folgende Beispiel zeigt die Ausgabe des ‹phpunit2›-Tasks für einen fehlschlagenden Test:

```
phing
Buildfile: /home/sb/build.xml

BankAccount > test:
  [phpunit2] Tests run: 4, Failures: 1, Errors: 0,
            Time elapsed: 0.00067 sec
Execution of target "test" failed for the following reason:
/home/sb/build.xml:5:37: One or more tests failed

BUILD FAILED
/home/sb/build.xml:5:37: One or more tests failed
Total time: 0.0968 seconds
```

Die Rückmeldungen formatieren

Neben dem notwendigen ‹batchtest›-Element erlaubt das ‹phpunit2›-Element auch ‹formatter› als Kindelement. Mit diesem Element kann die Ausgabe der Testergebnisse in unterschiedlichen Formaten gesteuert werden. Die Ausgabe erfolgt dabei grundsätzlich in eine Datei, es sei denn, Sie setzen das Attribut usefile auf false. Der Name der Ausgabedatei wird durch den gewählten Formatierer bestimmt und kann durch das Attribut outfile angepasst werden. Es gibt drei vorgefertigte Formatierer:

- brief gibt detaillierte Informationen nur für fehlgeschlagene Tests aus.
- plain gibt einzeilige Statistiken für jeden Testfall aus.
- xml gibt die Testergebnisse im XML-Format aus.

Tabelle 4 zeigt die Parameter für den ‹formatter›-Task.

Tabelle 4: Attribute für das <formatter>-Element

Name	Typ	Beschreibung	Default
type	String	Wählt einen vorgefertigten Formatierer (xml, plain oder brief).	
classname	String	Name einer eigenen Formatierer-Klasse.	

Tabelle 4: Attribute für das <formatter>-Element (Fortsetzung)

Name	Typ	Beschreibung	Default
usefile	Boolean	Legt fest, ob die Ausgabe in eine Datei erfolgen soll.	true
todir	String	Verzeichnis, in das die Datei geschrieben werden soll.	
outfile	String	Name der Ausgabedatei.	Hängt vom gewählten Formatierer ab.

Um einen Test-Report im HTML-Format zu erstellen, können Sie den <phpunit2report>-Task verwenden. Dieser wendet ein XSLT-Stylesheet auf die durch den <formatter>-Task erzeugte XML-Datei an. Phing wird mit zwei vorgefertigten XSLT-Stylesheets für die Erstellung von HTML-Reports (mit oder ohne Frames) ausgeliefert, *phpunit2-frames.xsl* und *phpunit2-noframes.xsl*.

Beispiel 16 zeigt eine *build.xml*-Datei für Phing, die die Tests der Klasse BankAccountTest ausführt und mit Hilfe des XSLT-Stylesheets *phpunit2-frames.xsl* einen Test-Report im HTML-Format erstellt. Die HTML-Dateien werden in das Verzeichnis *report/* geschrieben, das durch das <target> "prepare" erzeugt wird und über das <target> "clean" wieder gelöscht werden kann.

Beispiel 16: Erzeugen eines Test-Reports durch Anwenden eines XSLT-Stylesheets

```xml
<?xml version="1.0"?>

<project name="BankAccount" basedir="." default="report">
  <target name="prepare">
    <mkdir dir="report"/>
  </target>

  <target name="clean">
    <delete dir="report"/>
  </target>

  <target name="report" depends="prepare">
    <phpunit2>
      <batchtest>
```

Beispiel 16: Erzeugen eines Test-Reports durch Anwenden eines XSLT-Stylesheets (Fortsetzung)

```
      <fileset dir=".">
        <include name="*Test.php"/>
      </fileset>
    </batchtest>

    <formatter type="xml" todir="report" outfile="logfile.xml"/>
  </phpunit2>

  <phpunit2report infile="report/logfile.xml" format="frames"
                  styledir="." todir="report"/>
 </target>
</project>
```

Das folgende Beispiel zeigt die Ausgabe des Befehls **phing**:

```
phing
Buildfile: /home/sb/build.xml

BankAccount > prepare:
    [mkdir] Created dir: /home/sb/report

BankAccount > report:

BUILD FINISHED

Total time: 0.1112 seconds
```

Abbildung 3 zeigt die Startseite des erstellten Test-Reports.

Tabelle 5 zeigt die Parameter des <phpunit2report>-Tasks.

Analog kann Phing auch Coverage-Reports erstellen. Hierfür benutzen Sie die <coverage-setup> und <coverage-report>-Tasks. Der erste bereitet eine Datenbank mit den Code-Coverage-Informationen vor. Der zweite nutzt diese Datenbank und erstellt, wiederum durch Anwendung von XSLT-Stylesheets, einen Report im HTML-Format.

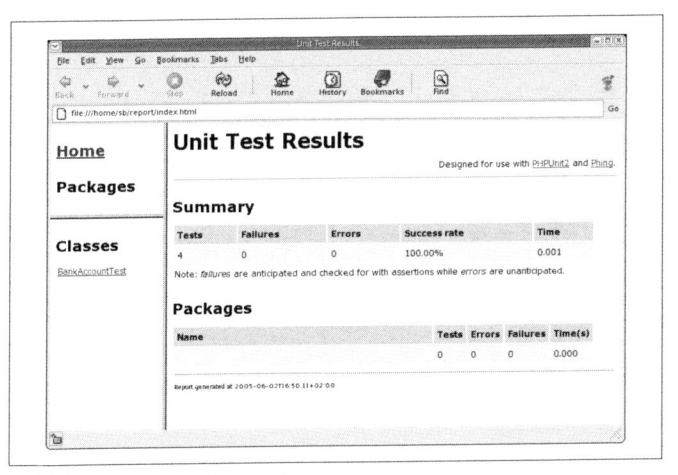

Abbildung 3: Der erstellte Test-Report

Tabelle 5: Attribute für das <phpunit2report>-Element

Name	Typ	Beschreibung	Default
infile	String	Pfad und Name der XML-Datei mit den Testergebnissen.	testsuites.xml
format	String	Format des zu erstellenden Reports, *frames* oder *noframes*.	noframes
styledir	String	Verzeichnis, in dem die XSLT-Stylesheets liegen. Das Stylesheet für das *frames*-Format muss *phpunit2-frames.xsl* heißen, das Stylesheet für das *noframes*-Format muss *phpunit2-noframes.xsl* heißen.	
todir	String	Verzeichnis, in das die Dateien geschrieben werden sollen.	

Beispiel 17 zeigt eine *build.xml*-Datei für Phing, die die Tests der Klasse BankAccountTest ausführt und einen Coverage-Report im HTML-Format erstellt.

Beispiel 17: Erzeugen eines Coverage-Reports durch Anwenden eines XSLT-Stylesheets

```xml
<?xml version="1.0"?>

<project name="BankAccount" basedir="." default="coverage-report">
  <target name="prepare">
    <mkdir dir="coverage-report"/>
  </target>

  <target name="clean">
    <delete dir="coverage-report"/>
  </target>

  <target name="coverage-report" depends="prepare">
    <coverage-setup database="./coverage-report/database">
      <fileset dir=".">
        <include name="*.php"/>
        <exclude name="*Test.php"/>
      </fileset>
    </coverage-setup>

    <phpunit2>
      <batchtest>
        <fileset dir=".">
          <include name="*Test.php"/>
        </fileset>
      </batchtest>
    </phpunit2>

    <coverage-report outfile="coverage-report/coverage.xml">
      <report todir="coverage-report" styledir="."/>
    </coverage-report>
  </target>
</project>
```

Abbildung 4 zeigt die Startseite des erstellten Coverage-Reports.

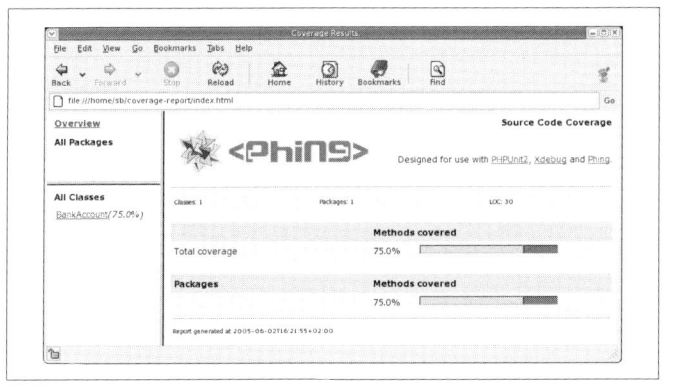

Abbildung 4: Der erstellte Coverage-Report

Wie PHPUnit implementiert ist

PHPUnit ist in einer etwas ungewöhnlichen Weise implementiert worden, und die dabei verwendeten Techniken wären in normalen Anwendungsprogrammen kaum zu pflegen. Es wird Ihnen beim Schreiben von Tests helfen, wenn Sie etwas über diese Art der Implementierung wissen.

Ein einzelner Test wird durch ein `PHPUnit2_Framework_Test`-Objekt repräsentiert und benötigt ein Objekt der Klasse `PHPUnit2_Framework_TestResult`, um ausgeführt zu werden. Dieses wird an die `run()`-Methode des `PHPUnit2_Framework_Test`-Objekts übergeben, die ihrerseits die eigentliche Testmethode ausführt und das Ergebnis im `PHPUnit2_Framework_TestResult`-Objekt vermerkt. Dies ist ein Idiom aus der Welt von Smalltalk, das *Collecting Parameter* genannt wird. Es schlägt vor, dass, wenn man Ergebnisse über mehrere Methodenaufrufe hinweg sammeln möchte – im Fall von PHPUnit die wiederholten Aufrufe der `run()`-Methode –, man der Methode über einen Parameter ein Objekt übergeben soll, das die Ergebnisse sammelt. Siehe dazu auch »JUnit: A Cook's Tour« von Erich Gamma und Kent Beck (*http://junit.sourceforge.net/doc/cookstour/cookstour.htm*) und *Smalltalk Best Practice Patterns* von Kent Beck (Prentice Hall).

Damit Sie verstehen, wie PHPUnit die Tests ausführt, betrachten Sie die Testfall-Klasse aus Beispiel 18.

Beispiel 18: Die Testfall-Klasse EmptyTest

```php
<?php
require_once 'PHPUnit2/Framework/TestCase.php';

class EmptyTest extends PHPUnit2_Framework_TestCase {
    private $emptyArray = array();

    public function testSize() {
        $this->assertEquals(0, sizeof($this->emptyArray));
    }

    public function testIsEmpty() {
        $this->assertTrue(empty($this->emptyArray));
    }
}
?>
```

Wenn dieser Test ausgeführt wird, konvertiert PHPUnit die Testfall-Klasse zunächst in ein Objekt vom Typ PHPUnit2_Framework_Test, in diesem Fall in ein Objekt der Klasse PHPUnit2_Framework_TestSuite. Dieses enthält zwei Instanzen der Klasse EmptyTest, wie in Abbildung 5 gezeigt.

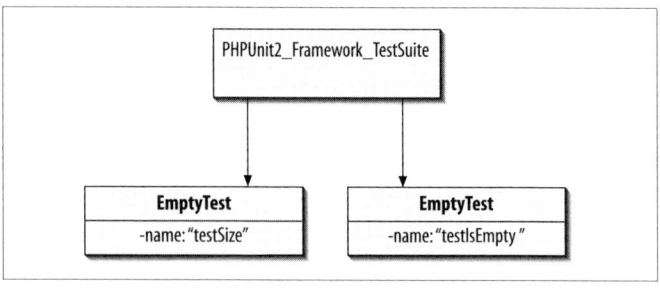

Abbildung 5: Tests vor ihrer Ausführung

Beim Ausführen der Testreihe ruft PHPUnit wiederum jeden EmptyTest einzeln auf. Jeder dieser Tests startet seine eigene setUp()-

Methode, so dass für ihn ein frisches $emptyArray erzeugt wird, wie in Abbildung 6 zu sehen ist. Auf diese Weise wird, wenn ein Test das Array verändert, der andere Test dadurch nicht beeinflusst. Sogar Änderungen an globalen und super-globalen Variablen (wie $_ENV) in einem Test haben keine Auswirkungen auf andere Tests.

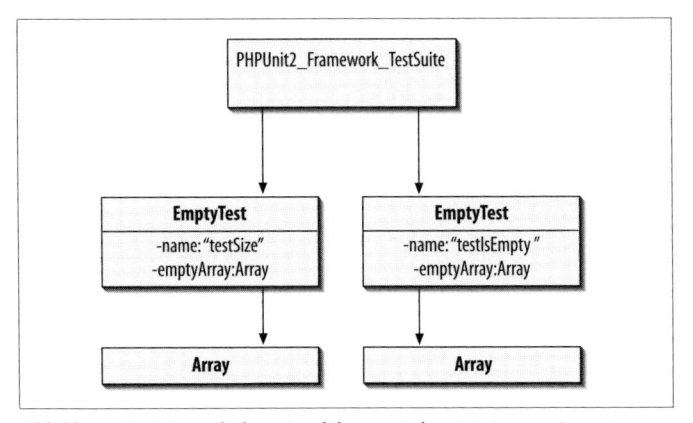

Abbildung 6: Tests nach ihrer Ausführung, jeder mit eigenem Inventar

Kurz gesagt, eine Testfall-Klasse bildet bei ihrer Ausführung einen Objektbaum mit zwei Ebenen. Jede Testmethode verwendet ihre eigene Kopie der durch setUp() erzeugten Objekte. Die Folge davon ist, dass die Tests völlig unabhängig voneinander ausgeführt werden können.

Um die eigentliche Testmethode auszuführen, sucht PHPUnit mit Hilfe von Reflection die in $name genannte Methode und ruft sie auf. In der Smalltalk-Welt bezeichnet man dieses Idiom als *Pluggable Selector*. Dieser vereinfacht das Schreiben von Tests sehr, hat aber einen Nachteil: Man kann nicht mehr allein durch Betrachten des Codes feststellen, ob eine Methode aufgerufen wird, sondern muss stattdessen Dateninhalte zur Laufzeit betrachten.

Wie PHPUnit implementiert ist | 53

Die PHPUnit-API

Für die meisten Anwendungsfälle bietet PHPUnit eine einfache API: Leiten Sie für Ihre Testfälle eigene Klassen von PHPUnit2_Framework_TestCase ab, in denen Sie von Zeit zu Zeit assertTrue() oder assertEquals() aufrufen. Für alle, die einen tieferen Einblick in PHPUnit haben möchten, stellen wir nachfolgend alle veröffentlichten Methoden und Klassen vor.

Überblick

In der Regel werden Sie es bei der Arbeit mit PHPUnit mit fünf Klassen beziehungsweise Schnittstellen zu tun haben:

PHPUnit2_Framework_Assert
 Eine Sammlung von statischen Methoden, mit denen Ergebniswerte mit erwarteten Werten verglichen werden können (Zusicherungen).

PHPUnit2_Framework_Test
 Die Schnittstelle für alle als Tests dienenden Objekte.

PHPUnit2_Framework_TestCase
 Ein einzelner Testfall.

PHPUnit2_Framework_TestSuite
 Eine Testreihe, also eine Sammlung von Testfällen.

PHPUnit2_Framework_TestResult
 Eine Zusammenfassung der Ergebnisse aus der Ausführung von einem oder mehreren Tests.

Abbildung 7 zeigt die Beziehungen zwischen den fünf grundlegenden Klassen und Schnittstellen von PHPUnit: PHPUnit2_Framework_Assert, PHPUnit2_Framework_Test, PHPUnit2_Framework_TestCase, PHPUnit2_Framework_TestSuite und PHPUnit2_Framework_TestResult.

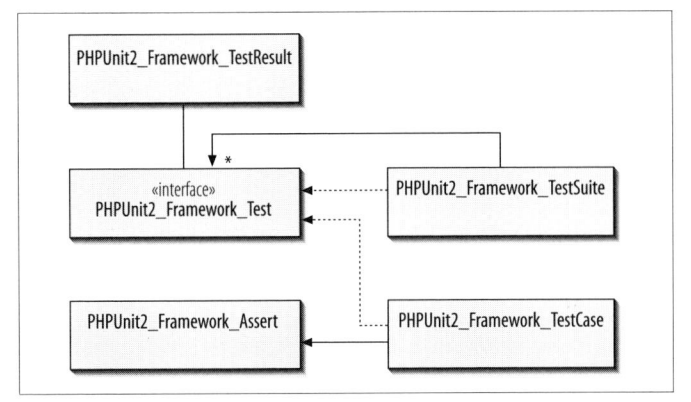

Abbildung 7: Die fünf grundlegenden Klassen und Schnittstellen von PHPUnit

PHPUnit2_Framework_Assert

Die meisten für PHPUnit geschriebenen Testfälle sind indirekt von PHPUnit2_Framework_Assert abgeleitet. Diese Klasse enthält die Methoden zur automatischen Prüfung von Werten und zur Meldung von Abweichungen. Diese Methoden sind statisch deklariert, so dass sie als Zusicherungen im Stile von Design-by-Contract in Ihre Methoden eingefügt und die Ergebnisse durch PHPUnit ausgewertet werden können (Beispiel 19).

Beispiel 19: Zusicherungen im Stile von Design-by-Contract

```
<?php
require_once 'PHPUnit2/Framework/Assert.php';

class Sample {
    public function aSampleMethod($object) {
        PHPUnit2_Framework_Assert::assertNotNull($object);
    }
}

$sample = new Sample;
$sample->aSampleMethod(NULL);
?>
```

Beispiel 19: Zusicherungen im Stile von Design-by-Contract (Fortsetzung)

```
Fatal error: Uncaught exception 'PHPUnit2_Framework_
AssertionFailedError' with message 'expected: <NOT NULL> but was:
<NULL>'
```

Normalerweise werden Sie die Zusicherungen jedoch im Rahmen von Tests verwenden.

Von jeder Zusicherungsmethode gibt es zwei Varianten: Bei der einen dient der letzte Parameter dazu, dass zusammen mit dem Fehler eine Mitteilung angezeigt wird, während die andere keinen solchen Parameter hat. Typischerweise wird diese optionale Meldung bei der Anzeige eines Fehlers mit ausgegeben und erleichtert das Debuggen.

Beispiel 20: Verwenden von Zusicherungen mit angepassten Meldungen

```php
<?php
require_once 'PHPUnit2/Framework/TestCase.php';

class MessageTest extends PHPUnit2_Framework_TestCase {
    public function testMessage() {
        $this->assertTrue(FALSE, 'Dies ist eine angepasste
                                 Nachricht.');
    }
}
?>
```

Das folgende Beispiel zeigt die Ausgabe der Ausführung des Tests testMessage() aus Beispiel 20:

```
phpunit MessageTest.php
PHPUnit 2.3.0 by Sebastian Bergmann.

F

Time: 0.102507
There was 1 failure:
1) testMessage(MessageTest)
Dies ist eine angepasste Nachricht.

FAILURES!!!
Tests run: 1, Failures: 1, Errors: 0, Incomplete Tests: 0.
```

Tabelle 6 zeigt die ganze Vielfalt der Zusicherungen. Die Zusicherungen werden paarweise dargestellt, die zweite Form enthält dabei jeweils den zusätzlichen String-Parameter für den Fehlertext am Ende der Parameterliste.

Tabelle 6: Zusicherungen

Zusicherung	Aktion
void assertTrue(Boolean $condition)	Meldet einen Fehler, falls $condition den Wert FALSE hat.
void assertTrue(Boolean $condition, String $message)	Meldet einen durch $message bezeichneten Fehler, falls $condition den Wert FALSE hat.
void assertFalse(Boolean $condition)	Meldet einen Fehler, falls $condition den Wert TRUE hat.
void assertFalse(Boolean $condition, String $message)	Meldet einen durch $message bezeichneten Fehler, falls $condition den Wert TRUE hat.
void assertNull(Mixed $variable)	Meldet einen Fehler, falls $variable nicht den Wert NULL hat.
void assertNull(Mixed $variable, String $message)	Meldet einen durch $message bezeichneten Fehler, falls $variable nicht den Wert NULL hat.
void assertNotNull(Mixed $variable)	Meldet einen Fehler, falls $variable den Wert NULL hat.
void assertNotNull(Mixed $variable, String $message)	Meldet einen durch $message bezeichneten Fehler, falls $variable den Wert NULL hat.
void assertSame(Object $expected, Object $actual)	Meldet einen Fehler, falls die beiden Variablen $expected und $actual nicht dasselbe Objekt referenzieren.
void assertSame(Object $expected, Object $actual, String $message)	Meldet einen durch $message bezeichneten Fehler, falls die beiden Variablen $expected und $actual nicht dasselbe Objekt referenzieren.
void assertSame(Mixed $expected, Mixed $actual)	Meldet einen Fehler, falls die beiden Variablen $expected und $actual nicht den gleichen Typ und Wert haben.

Tabelle 6: Zusicherungen (Fortsetzung)

Zusicherung	Aktion
`void assertSame(Mixed $expected, Mixed $actual, String $message)`	Meldet einen durch $message bezeichneten Fehler, falls die beiden Variablen $expected und $actual nicht den gleichen Typ und Wert haben.
`void assertNotSame(Object $expected, Object $actual)`	Meldet einen Fehler, falls die beiden Variablen $expected und $actual dasselbe Objekt referenzieren.
`void assertNotSame(Object $expected, Object $actual, String $message)`	Meldet einen durch $message bezeichneten Fehler, falls die beiden Variablen $expected und $actual dasselbe Objekt referenzieren.
`void assertNotSame(Mixed $expected, Mixed $actual)`	Meldet einen Fehler, falls die beiden Variablen $expected und $actual den gleichen Typ und Wert haben.
`void assertNotSame(Mixed $expected, Mixed $actual, String $message)`	Meldet einen durch $message bezeichneten Fehler, falls die beiden Variablen $expected und $actual den gleichen Typ und Wert haben.
`void assertEquals(Array $expected, Array $actual)`	Meldet einen Fehler, falls die beiden Arrays $expected und $actual nicht identisch sind.
`void assertEquals(Array $expected, Array $actual, String $message)`	Meldet einen durch $message bezeichneten Fehler, falls die beiden Arrays $expected und $actual nicht identisch sind.
`void assertNotEquals(Array $expected, Array $actual)`	Meldet einen Fehler, falls die beiden Arrays $expected und $actual identisch sind.
`void assertNotEquals(Array $expected, Array $actual, String $message)`	Meldet einen durch $message bezeichneten Fehler, falls die beiden Arrays $expected und $actual identisch sind.
`void assertEquals(Float $expected, Float $actual, Float $delta = 0)`	Meldet einen Fehler, falls die beiden Gleitpunktzahlen $expected und $actual nicht bis auf $delta gleich sind.
`void assertEquals(Float $expected, Float $actual, String $message, Float $delta = 0)`	Meldet einen durch $message bezeichneten Fehler, falls die beiden Gleitpunktzahlen $expected und $actual nicht bis auf $delta gleich sind.

Tabelle 6: Zusicherungen (Fortsetzung)

Zusicherung	Aktion
void assertNotEquals(Float $expected, Float $actual, Float $delta = 0)	Meldet einen Fehler, falls die beiden Gleitpunktzahlen $expected und $actual bis auf $delta gleich sind.
void assertNotEquals(Float $expected, Float $actual, String $message, Float $delta = 0)	Meldet einen durch $message bezeichneten Fehler, falls die beiden Gleitpunktzahlen $expected und $actual bis auf $delta gleich sind.
void assertEquals(String $expected, String $actual)	Meldet einen Fehler, falls die beiden Zeichenketten $expected und $actual nicht identisch sind. Der Fehler wird als Abweichung zwischen den beiden Zeichenketten gemeldet.
void assertEquals(String $expected, String $actual, String $message)	Meldet einen durch $message bezeichneten Fehler, falls die beiden Zeichenketten $expected und $actual nicht identisch sind. Der Fehler wird als Abweichung zwischen den beiden Zeichenketten gemeldet.
void assertNotEquals(String $expected, String $actual)	Meldet einen Fehler, falls die beiden Zeichenketten $expected und $actual identisch sind.
void assertNotEquals(String $expected, String $actual, String $message)	Meldet einen durch $message bezeichneten Fehler, falls die beiden Zeichenketten $expected und $actual identisch sind.
void assertEquals(Mixed $expected, Mixed $actual)	Meldet einen Fehler, falls die beiden Variablen $expected und $actual nicht identisch sind.
void assertEquals(Mixed $expected, Mixed $actual, String $message)	Meldet einen durch $message bezeichneten Fehler, falls die beiden Variablen $expected und $actual nicht identisch sind.
void assertNotEquals(Mixed $expected, Mixed $actual)	Meldet einen Fehler, falls die beiden Variablen $expected und $actual identisch sind.
void assertNotEquals(Mixed $expected, Mixed $actual, String $message)	Meldet einen durch $message bezeichneten Fehler, falls die beiden Variablen $expected und $actual identisch sind.

Tabelle 6: Zusicherungen (Fortsetzung)

Zusicherung	Aktion
void assertContains(Mixed $needle, Array $haystack)	Meldet einen Fehler, falls $needle nicht in $haystack enthalten ist.
void assertContains(Mixed $needle, Array $haystack, String $message)	Meldet einen durch $message bezeichneten Fehler, falls $needle nicht in $haystack enthalten ist.
void assertNotContains(Mixed $needle, Array $haystack)	Meldet einen Fehler, falls $needle in $haystack enthalten ist.
void assertNotContains(Mixed $needle, Array $haystack, String $message)	Meldet einen durch $message bezeichneten Fehler, falls $needle in $haystack enthalten ist.
void assertContains(Mixed $needle, Iterator $haystack)	Meldet einen Fehler, falls $needle nicht in $haystack enthalten ist.
void assertContains(Mixed $needle, Iterator $haystack, String $message)	Meldet einen durch $message bezeichneten Fehler, falls $needle nicht in $haystack enthalten ist.
void assertNotContains(Mixed $needle, Iterator $haystack)	Meldet einen Fehler, falls $needle in $haystack enthalten ist.
void assertNotContains(Mixed $needle, Iterator $haystack, String $message)	Meldet einen durch $message bezeichneten Fehler, falls $needle in $haystack enthalten ist.
void assertRegExp(String $pattern, String $string)	Meldet einen Fehler, falls $string nicht dem regulären Ausdruck $pattern entspricht.
void assertRegExp(String $pattern, String $string, String $message)	Meldet einen durch $message bezeichneten Fehler, falls $string nicht dem regulären Ausdruck $pattern entspricht.
void assertNotRegExp(String $pattern, String $string)	Meldet einen Fehler, falls $string dem regulären Ausdruck $pattern entspricht.
void assertNotRegExp(String $pattern, String $string, String $message)	Meldet einen durch $message bezeichneten Fehler, falls $string dem regulären Ausdruck $pattern entspricht.
void assertType(String $expected, Mixed $actual)	Meldet einen Fehler, falls die Variable $actual keinen Wert vom Typ $expected enthält.
void assertType(String $expected, Mixed $actual, String $message)	Meldet einen durch $message bezeichneten Fehler, falls die Variable $actual keinen Wert vom Typ $expected enthält.

Tabelle 6: Zusicherungen (Fortsetzung)

Zusicherung	Aktion
void assertNotType(String $expected, Mixed $actual)	Meldet einen Fehler, falls die Variable $actual einen Wert vom Typ $expected enthält.
void assertNotType(String $expected, Mixed $actual, String $message)	Meldet einen durch $message bezeichneten Fehler, falls die Variable $actual einen Wert vom Typ $expected enthält.

Es kann vorkommen, dass Sie neben den hier genannten noch weitere Zusicherungen benötigen, um projektspezifische Objekte vergleichen zu können. Schreiben Sie einfach eine Assert-Klasse mit den Zusicherungen, die Sie zur Vereinfachung Ihrer Tests benötigen.

Bei jedem Scheitern einer Zusicherung wird implizit eine Flaschenhals-Methode namens fail(String $message) aufgerufen, die ihrerseits einen PHPUnit2_Framework_AssertionFailedError auslöst. Daneben gibt es noch eine parameterlose Variante von fail(). Sie können fail() auch explizit aufrufen, wenn Ihr Test auf einen Fehler stößt. Ein Beispiel hierfür ist der Test auf eine erwartete Ausnahme. Tabelle 7 führt die beiden Flaschenhals-Methoden in PHPUnit auf.

Tabelle 7: Flaschenhals-Methoden

Methode	Aktion
void fail()	Meldet einen Fehler.
void fail(String $message)	Meldet einen durch $message bezeichneten Fehler

PHPUnit2_Framework_Test

Die generische Schnittstelle PHPUnit2_Framework_Test wird von allen Objekten implementiert, die als Tests dienen können. Eine implementierende Klasse kann einen oder mehrere Tests repräsentieren. Ihre beiden Methoden sind in Tabelle 8 dargestellt.

Tabelle 8: Implementor-Methoden

Methode	Aktion
int countTestCases()	Gibt die Anzahl der Tests zurück.
void run(PHPUnit2_Framework_TestResult $result)	Führt die Tests aus und meldet die Ergebnisse an $result.

PHPUnit2_Framework_TestCase und PHPUnit2_Framework_TestSuite sind die beiden prominentesten Implementierungen von PHPUnit2_Framework_Test. Sie können PHPUnit2_Framework_Test aber auch selbst implementieren. Die Schnittstelle wurde bewusst schmal gehalten, damit dies möglichst einfach ist.

PHPUnit2_Framework_TestCase

Ihre Testfall-Klassen leiten Sie von PHPUnit2_Framework_TestCase ab. In der Regel werden Sie die Tests aus automatisch erzeugten Testreihen ausführen. In diesem Fall muss aber jeder Ihrer Tests durch eine Methode repräsentiert sein, die (konventionsgemäß) mit test* benannt ist.

PHPUnit2_Framework_TestCase implementiert PHPUnit2_Framework_Test. countTestCases() liefert 1. run(PHPUnit2_Framework_TestResult $result) führt erst setUp(), danach die Testmethode und schließlich tearDown() aus, wobei alle Ausnahmen in PHPUnit2_Framework_TestResult gemeldet werden.

Tabelle 9 führt das durch PHPUnit2_Framework_TestCase implementierte externe Protokoll auf.

Tabelle 9: Das externe Protokoll eines Testfalls

Methode	Aktion
__construct()	Erzeugt einen Testfall.
__construct(String $name)	Erzeugt einen Testfall mit dem in $name angegebenen Namen. Der Name wird zur Ausgabe des Testfalls und häufig für den Namen einer durch Reflection auszuführenden Testmethode verwendet.
String getName()	Gibt den Namen des Testfalls zurück.

Tabelle 9: Das externe Protokoll eines Testfalls (Fortsetzung)

Methode	Aktion
void setName($name)	Setzt den Namen des Testfalls.
PHPUnit2_Framework_TestResult run(PHPUnit2_Framework_TestResult $result)	Vereinfachte Methode, die den Testfall ausführt und das Ergebnis in $result meldet.
void runTest()	Überschreiben Sie diese Methode mit einer Testmethode, wenn Sie nicht wollen, dass die Testmethode durch Reflection aufgerufen wird.

Die beiden Schablonenmethoden setUp() und tearDown() können Sie überschreiben, um die Objekte zu erzeugen und zu beseitigen, mit denen Sie die Tests durchführen wollen. Tabelle 10 zeigt diese Methoden.

Tabelle 10: Schablonenmethoden

Methode	Aktion
void setUp()	Überschreiben Sie diese Methode, um die Objekte zu erzeugen, mit denen Sie testen wollen. Jeder Test wird in seinem eigenen Testfall-Objekt ausgeführt, und für jedes wird setUp() separat ausgeführt.
void tearDown()	Überschreiben Sie diese Methode, um die Objekte zu beseitigen, die nach dem Abschluss des Tests nicht mehr benötigt werden. Im Allgemeinen brauchen Sie in tearDown() nur externe Ressourcen (zum Beispiel Dateien und Sockets) zu beseitigen.

PHPUnit2_Framework_TestSuite

Eine PHPUnit2_Framework_TestSuite ist ein Kompositum (*Composite*) aus PHPUnit2_Framework_Test-Objekten. Im einfachsten Fall enthält sie mehrere Testfälle, die alle ausgeführt werden, wenn auch die Testreihe ausgeführt wird. Als Composite-Objekt kann eine Testreihe selbst wiederum Testreihen enthalten und so weiter. Dadurch lassen sich auf einfache Weise Tests aus unterschiedlichen Quellen kombinieren und gemeinsam ausführen.

Zusätzlich zu dem Protokoll von PHPUnit2_Framework_Test – run (PHPUnit2_Framework_TestResult $result) und countTestCases() – enthält PHPUnit2_Framework_TestSuite noch ein Protokoll für die Erzeugung benannter und unbenannter Instanzen. Tabelle 11 zeigt das Protokoll für die Erzeugung von Instanzen der Klasse PHPUnit2_Framework_TestSuite.

Tabelle 11: Erzeugung von benannten und unbenannten Instanzen

Methode	Aktion
__construct()	Liefert eine leere Testreihe.
__construct(String $theClass)	Liefert eine Testreihe, die für jede Methode der Klasse $theClass eine Instanz dieser Klasse mit dem Namen test* enthält. Existiert keine Klasse mit Namen $theClass, wird eine leere Testreihe zurückgegeben, die den Namen $theClass trägt.
__construct(String $theClass, String $name)	Liefert eine Testreihe mit dem angegebenen Namen, die für jede Methode der Klasse $theClass eine Instanz dieser Klasse mit dem Namen test* enthält.
__construct(ReflectionClass $theClass)	Liefert eine Testreihe, die für jede Methode der Klasse $theClass eine Instanz dieser Klasse mit dem Namen test* enthält.
__construct(ReflectionClass $theClass, $name)	Liefert eine Testreihe mit dem angegebenen Namen, die für jede Methode der Klasse, die von $theClass repräsentiert wird, eine Instanz dieser Klasse mit dem Namen test* enthält.
String getName()	Liefert den Namen der Testreihe.
void setName(String $name)	Setzt den Namen der Testreihe.

Außerdem enthält die PHPUnit2_Framework_TestSuite Methoden für das Hinzufügen und das Auslesen von PHPUnit2_Framework_Tests, die in Tabelle 12 aufgeführt sind.

Tabelle 12: Protokoll zum Hinzufügen und Auslesen von Tests

Methode	Aktion
void addTest(PHPUnit2_Framework_Test $test)	Fügt der Testreihe einen Test hinzu.
void addTestFile(String $filename)	Fügt der Testreihe die Tests einer oder mehrerer Testfall-Klassen, die in der angegebenen Quelltext-Datei deklariert sind, hinzu.
void addTestFiles(Array $filenames)	Fügt der Testreihe die Tests der Testfall-Klassen, die in den angegebenen Quelltext-Dateien deklariert sind, hinzu.
int testCount()	Liefert die Anzahl der Tests, die sich direkt (nicht rekursiv) in dieser Testreihe befinden.
PHPUnit2_Framework_Test[] tests()	Liefert die Tests, die sich direkt in dieser Testreihe befinden.
PHPUnit2_Framework_Test testAt(int $index)	Liefert den Test mit dem angegebenen Index.

Beispiel 21 zeigt, wie Sie eine PHPUnit2_Framework_TestSuite für eine Testfall-Klasse erzeugen sowie deren Tests ausführen.

Beispiel 21: Eine Testreihe erzeugen und ausführen

```
<?php
require_once 'PHPUnit2/Framework/TestSuite.php';

require_once 'ArrayTest.php';

// Ein TestSuite-Objekt erzeugen, das die Tests
// der Testfall-Klasse ArrayTest enthält.
$suite = new PHPUnit2_Framework_TestSuite('ArrayTest');

// Tests ausführen.
$suite->run();
?>
```

Als Beispiel für eine hierarchische Komposition von Testreihen betrachten Sie die Testreihe von PHPUnit selbst.

Beispiel 22 zeigt eine verkürzte Fassung von *Tests/AllTests.php*, Beispiel 23 eine verkürzte Fassung von *Tests/Framework/AllTests.php*.

Beispiel 22: Die Klasse AllTests

```php
<?php
if (!defined('PHPUnit2_MAIN_METHOD')) {
    define('PHPUnit2_MAIN_METHOD', 'AllTests::main');
}

require_once 'PHPUnit2/Framework/TestSuite.php';
require_once 'PHPUnit2/TextUI/TestRunner.php';

require_once 'Framework/AllTests.php';
// ...

class AllTests {
    public static function main() {
        PHPUnit2_TextUI_TestRunner::run(self::suite());
    }

    public static function suite() {
        $suite = new PHPUnit2_Framework_TestSuite('PHPUnit');

        $suite->addTest(Framework_AllTests::suite());
        // ...

        return $suite;
    }
}

if (PHPUnit2_MAIN_METHOD == 'AllTests::main') {
    AllTests::main();
}
?>
```

Beispiel 23: Die Klasse Framework_AllTests

```php
<?php
if (!defined('PHPUnit2_MAIN_METHOD')) {
    define('PHPUnit2_MAIN_METHOD', 'Framework_AllTests::main');
}

require_once 'PHPUnit2/Framework/TestSuite.php';
require_once 'PHPUnit2/TextUI/TestRunner.php';

require_once 'Framework/AssertTest.php';
// ...
```

Beispiel 23: Die Klasse Framework_AllTests (Fortsetzung)

```
class Framework_AllTests {
    public static function main() {
        PHPUnit2_TextUI_TestRunner::run(self::suite());
    }

    public static function suite() {
        $suite = new PHPUnit2_Framework_TestSuite('PHPUnit
                Framework');

        $suite->addTestSuite('Framework_AssertTest');
        // ...

        return $suite;
    }
}

if (PHPUnit2_MAIN_METHOD == 'Framework_AllTests::main') {
    Framework_AllTests::main();
}
?>
```

Die Klasse Framework_AssertTest ist eine normale Testfall-Klasse, die sich von PHPUnit2_Framework_TestCase ableitet.

Das Ausführen von *Tests/AllTests.php*, zu sehen im folgenden Beispiel, benutzt den textbasierten Testrunner für die Ausführung aller Tests, während das Ausführen von *Tests/Framework/AllTests.php* nur die Tests für die PHPUnit2_Framework_*-Klassen ausführt.

```
php AllTests.php
PHPUnit 2.3.0 by Sebastian Bergmann.

.........................................
.........................................
.......

Time: 4.642600

OK (89 tests)
```

PHPUnit2_Framework_TestResult

Wenn Sie alle Ihre Tests ausführen, benötigen Sie einen Platz, an dem die gesamten Ergebnisse abgelegt werden können: wie viele Tests ausgeführt worden sind, welche davon fehlgeschlagen sind und wie viel Zeit sie benötigten. PHPUnit2_Framework_TestResult sammelt die Testresultate. Dabei wird ein einziges PHPUnit2_Framework_TestResult-Objekt durch den gesamten Test-Baum gereicht. Wenn ein Test ausgeführt worden oder gescheitert ist, wird diese Tatsache in PHPUnit2_Framework_TestResult vermerkt. Am Ende des Testlaufs enthält PHPUnit2_Framework_TestResult noch eine Zusammenfassung aller Tests.

Außerdem ist PHPUnit2_Framework_TestResult ein Objekt, das von anderen Objekten beobachtet werden kann, um den Fortschritt des Testvorgangs anzuzeigen. So könnte etwa ein grafischer Testrunner das PHPUnit2_Framework_TestResult-Objekt verfolgen und bei jedem Start eines Tests einen Fortschrittsbalken weiterschalten.

Tabelle 13 fasst die Methoden zur Auswertung der Versager und Fehler (Failures und Errors) zusammen.

Tabelle 13: Die Unterscheidung zwischen Versagern und Fehlern

Methode	Aktion
void addError(PHPUnit2_Framework_Test $test, Exception $e)	Vermerkt, dass die Ausführung von $test zur unerwarteten Auslösung der Ausnahme $e geführt hat.
void addFailure (PHPUnit2_Framework_Test $test, PHPUnit2_Framework_AssertionFailedError $e)	Vermerkt, dass die Ausführung von $test zur unerwarteten Auslösung der Ausnahme $e geführt hat.
PHPUnit2_Framework_TestFailure[] errors()	Gibt die aufgezeichneten Fehler zurück.
PHPUnit2_Framework_TestFailure[] failures()	Gibt die aufgezeichneten Versager zurück.
PHPUnit2_Framework_TestFailure[] notImplemented()	Gibt die aufgezeichneten unvollständigen Tests zurück.

Tabelle 13: Die Unterscheidung zwischen Versagern und Fehlern(Forts.)

Methode	Aktion
int errorCount()	Gibt die Anzahl der Fehler zurück.
int failureCount()	Gibt die Anzahl der Versager zurück.
int notImplemented-Count()	Gibt die Anzahl der unvollständigen Tests zurück.
int runCount()	Gibt die Gesamtzahl der durchlaufenen Testfälle zurück.
Boolean wasSuccessfull()	Gibt zurück, ob alle Tests erfolgreich durchlaufen wurden oder nicht.
Boolean allCompletlyImplemented()	Gibt zurück, ob alle Tests vollständig implementiert waren oder nicht.
void collectCodeCoverageInformation(Boolean $flag)	Schaltet das Sammeln von Code-Coverage-Informationen an oder aus.
Array getCodeCoverageInformation()	Gibt die gesammelten Code-Coverage-Informationen zurück.

Wenn Sie ein Objekt als Beobachter eines PHPUnit2_Framework_TestResult registrieren möchten, müssen Sie PHPUnit2_Framework_TestListener implementieren. Um es anzumelden, rufen Sie die in Tabelle 14 aufgeführte Methode addListener() auf.

Tabelle 14: TestResult und TestListener

Methode	Aktion
void addListener (PHPUnit2_Framework_TestListener $listener)	Registriert das $listener-Objekt, so dass es informiert wird, wenn Ergebnisse im PHPUnit2_Framework_TestResult aufgezeichnet werden.
void removeListener (PHPUnit2_Framework_TestListener $listener)	Hebt die Registrierung für das $listener-Objekt auf.

Ein PHPUnit2_Framework_TestListener-Objekt muss die in Tabelle 15 aufgeführten Methoden implementieren. Ein Beispiel dafür finden Sie in Beispiel 26.

Tabelle 15: Callback-Methoden des TestListener

Methode	Aktion
void addError(PHPUnit2_Framework_Test $test, Exception $e)	$test hat die Ausnahme $e ausgelöst.
void addFailure (PHPUnit2_Framework_Test $test, PHPUnit2_Framework_AssertionFailedError $e)	$test ist fehlgeschlagen, PHPUnit2_Framework_AssertionFailedError beschreibt die verletzte Zusicherung.
void addIncompleteTest (PHPUnit2_Framework_Test $test, Exception $e)	$test ist unvollständig.
void startTestSuite (PHPUnit2_Framework_TestSuite $suite)	$suite ist im Begriff zu starten.
void endTestSuite (PHPUnit2_Framework_TestSuite $suite)	$suite hat ihre Ausführung beendet.
void startTest(PHPUnit2_Framework_Test $test)	$test ist im Begriff zu starten.
void endTest(PHPUnit2_Framework_Test $test)	$test hat seine Ausführung beendet.

Die Package-Struktur

Alle oben genannten Klassen befinden sich in PHPUnit2/Framework. Hier sind alle PHPUnit-Packages:

PHPUnit2/Framework
: Die Basisklassen in PHPUnit.

PHPUnit2/Extensions
: Erweiterungen der Basisklassen.

PHPUnit2/Runner
: Abstrakte Hilfsklassen für die Ausführung von Tests.

PHPUnit2/TextUI
: Der textbasierte Testrunner.

`PHPUnit2/Util`
   Hilfsklassen, die von den anderen Packages verwendet werden.

PHPUnit erweitern

Es gibt verschiedene Möglichkeiten, PHPUnit zu erweitern, um das Schreiben von Tests noch einfacher zu machen und verbesserte Rückmeldungen bei der Ausführung von Tests zu erhalten. Im Folgenden wird beschrieben, wie Sie PHPUnit an Ihre speziellen Anforderungen anpassen können.

Von PHPUnit2_Framework_TestCase ableiten

Fassen Sie Hilfsmethoden in einer abstrakten Kindklasse von `PHPUnit2_Framework_TestCase` zusammen und leiten Sie Ihre Testfall-Klassen von dieser Klasse ab. Dies ist eine der einfachsten Möglichkeiten zu einer PHPUnit-Erweiterung.

Zusicherungsklassen

Legen Sie eigene Klassen mit Zusicherungen für spezielle Zwecke an.

PHPUnit2_Extensions_TestDecorator

Sie können Testfälle oder Testreihen in einer Kindklasse von `PHPUnit2_Extensions_TestDecorator` einpacken, damit bestimmte Aktionen vor und nach den Testläufen ausgeführt werden.

PHPUnit bringt zwei fertige Test-Dekorierer mit, `PHPUnit2_Extensions_RepeatedTest` und `PHPUnit2_Extensions_TestSetup`. Der erste wird benutzt, um einen Test wiederholt auszuführen und nur dann als Erfolg zu werten, wenn alle Durchläufe erfolgreich waren. Der zweite wurde im Abschnitt »Testinventar« behandelt.

Beispiel 24 zeigt eine verkürzte Fassung des Dekorierers `PHPUnit2_Extensions_RepeatedTest`. Hier sehen Sie, wie Sie einen eigenen Dekorierer schreiben können.

Beispiel 24: Der RepeatedTest-Dekorierer

```php
<?php
require_once 'PHPUnit2/Extensions/TestDecorator.php';

class PHPUnit2_Extensions_RepeatedTest extends
    PHPUnit2_Extensions_TestDecorator {
    private $timesRepeat = 1;

    public function __construct(PHPUnit2_Framework_Test $test,
        $timesRepeat = 1) {
        parent::__construct($test);

        if (is_integer($timesRepeat) &&
            $timesRepeat >= 0) {
            $this->timesRepeat = $timesRepeat;
        }
    }

    public function countTestCases() {
        return $this->timesRepeat * $this->test->countTestCases();
    }

    public function run($result = NULL) {
        if ($result === NULL) {
            $result = $this->createResult();
        }

        for ($i = 0; $i < $this->timesRepeat && !$result->
            shouldStop(); $i++) {
            $this->test->run($result);
        }

        return $result;
    }
}
?>
```

PHPUnit2_Framework_Test implementieren

Die Schnittstelle PHPUnit2_Framework_Test ist klein und leicht zu implementieren. Dadurch können Sie beispielsweise einen Test implementieren, der datenbezogene Tests durchführt.

Beispiel 25 zeigt eine Implementierung von PHPUnit2_Framework_Test für datenbezogene Tests, bei denen Wertepaare aus einer CSV-Datei (Comma-Separated Values) verglichen werden. Jede Zeile dieser Datei hat die Form foo;bar. Der erste ist der erwartete Wert, der zweite der tatsächliche.

Beispiel 25: Ein datenbezogener Test

```
<?php
require_once 'PHPUnit2/Framework/Assert.php';
require_once 'PHPUnit2/Framework/Test.php';
require_once 'PHPUnit2/Framework/TestResult.php';

class DataDrivenTest implements PHPUnit2_Framework_Test {
    const DATA_FILE = 'data.csv';

    public function __construct() {
        $this->lines = file(self::DATA_FILE);
    }

    public function countTestCases() {
        return sizeof($this->lines);
    }

    public function run($result = NULL) {
        if ($result === NULL) {
            $result = new PHPUnit2_Framework_TestResult;
        }

        $result->startTest($this);

        foreach ($this->lines as $line) {
            list($expected, $actual) = explode(';', $line);

            try {
                PHPUnit2_Framework_Assert::
                    assertEquals(trim($expected), trim($actual));
            }

             catch (PHPUnit2_Framework_ComparisonFailure $e) {
                $result->addFailure($this, $e);
            }
```

Beispiel 25: Ein datenbezogener Test (Fortsetzung)

```
            catch (Exception $e) {
                $result->addError($this, $e);
            }
        }

        $result->endTest($this);

        return $result;
    }
}

$test   = new DataDrivenTest;
$result = $test->run();

$failures = $result->failures();
print $failures[0]->thrownException()->toString();
?>
expected: <foo> but was: <bar>
```

Von PHPUnit2_Framework_TestResult ableiten

Wenn Sie der Methode run() ein spezialisiertes PHPUnit2_Framework_TestResult-Objekt übergeben, können Sie zusätzliche Informationen über die laufenden Tests bekommen.

PHPUnit2_Framework_TestListener implementieren

Sie müssen nicht unbedingt eine komplette Kindklasse von PHPUnit2_Framework_TestResult schreiben. Alternativ können Sie auch einen neuen PHPUnit2_Framework_TestListener implementieren (siehe Tabelle 14), den Sie vor der Testausführung bei dem PHPUnit2_Framework_TestResult registrieren.

Beispiel 26 zeigt eine einfache Implementierung der Schnittstelle PHPUnit2_Framework_TestListener.

Beispiel 26: Ein einfacher TestListener

```php
<?php
require_once 'PHPUnit2/Framework/TestListener.php';

class SimpleTestListener
implements PHPUnit2_Framework_TestListener {
    public function
    addError(PHPUnit2_Framework_Test $test, Exception $e) {
        printf(
          "Bei der Ausführung des Tests '%s' ist ein Fehler
           aufgetreten.\n",
          $test->getName()
        );
    }

    public function
    addFailure(PHPUnit2_Framework_Test $test,
               PHPUnit2_Framework_ AssertionFailedError $e) {

        printf(
          "Test '%s' fehlgeschlagen.\n",
          $test->getName()
        );
    }

    public function
    addIncompleteTest(PHPUnit2_Framework_Test $test,
                      Exception $e) {
        printf(
          "Test '%s' ist unvollständig.\n",
          $test->getName()
        );
    }

    public function startTest(PHPUnit2_Framework_Test $test) {
        printf(
          "Test '%s' gestartet.\n",
          $test->getName()
        );
    }

    public function endTest(PHPUnit2_Framework_Test $test) {
        printf(
          "Test '%s' beendet.\n",
          $test->getName()
```

Beispiel 26: Ein einfacher TestListener (Fortsetzung)

```
        );
    }

    public function
    startTestSuite(PHPUnit2_Framework_TestSuite $suite) {
        printf(
          "TestSuite '%s' gestartet.\n",
          $suite->getName()
        );
    }

    public function
    endTestSuite(PHPUnit2_Framework_TestSuite $suite) {
        printf(
          "TestSuite '%s' beendet.\n",
          $suite->getName()
        );
    }
}
?>
```

Beispiel 27 zeigt, wie Sie eine Testreihe ausführen und diese Ausführung mit einem SimpleTestListener-Objekt beobachten.

Beispiel 27: Ausführen und Beobachten einer Testreihe

```
<?php
require_once 'PHPUnit2/Framework/TestResult.php';
require_once 'PHPUnit2/Framework/TestSuite.php';

require_once 'ArrayTest.php';
require_once 'SimpleTestListener.php';

// PHPUnit2_Framework_TestSuite-Objekt erzeugen,
// das die Tests aus ArrayTest enthält.
$suite = new PHPUnit2_Framework_TestSuite('ArrayTest');

// PHPUnit2_Framework_TestResult-Objekt erzeugen und
// ein SimpleTestListener-Objekt als Beobachter registrieren.
$result = new PHPUnit2_Framework_TestResult;
$result->addListener(new SimpleTestListener);

// Tests ausführen.
$suite->run($result);
```

Beispiel 27: Ausführen und Beobachten einer Testreihe (Fortsetzung)

```
?>
TestSuite 'ArrayTest' gestartet.
Test 'testNewArrayIsEmpty' gestartet.
Test 'testNewArrayIsEmpty' beendet.
Test 'testArrayContainsAnElement' gestartet.
Test 'testArrayContainsAnElement' beendet.
TestSuite 'ArrayTest' beendet.
```

Neuer Testrunner

Um andere Rückmeldungen aus der Testausführung zu erhalten, können Sie einen eigenen Testrunner schreiben. Die abstrakte Basisklasse `PHPUnit2_Runner_BaseTestRunner`, die auch von `PHPUnit2_TextUI_TestRunner` (dem textbasierten Testrunner) genutzt wird, kann Ihnen dabei als Ausgangspunkt dienen.

PHPUnit für PHP 4

Es gibt eine Versionsreihe von PHPUnit, die auf PHP 4 ausgelegt und nicht auf PHP 5 angewiesen ist. Auf Grund des eingeschränkten Objektmodells von PHP 4 ist PHPUnit für PHP 4 im Gegensatz zu PHPUnit für PHP 5 keine vollständige Portierung von JUnit. Darüber hinaus fehlen einige Leistungsmerkmale wie beispielsweise die Code-Coverage-Analyse.

Die Versionsreihe von PHPUnit für PHP 4 hat ihr eigenes PEAR-Paket, PHPUnit (an Stelle von PHPUnit2). Dies liegt darin begründet, dass inkompatible Versionsreihen eines PEAR-Pakets in getrennten Paketen verwaltet werden müssen.

Die folgende Befehlszeile zeigt die Installation von PHPUnit für PHP 4 mit dem PEAR Installer:

```
pear install PHPUnit
```

Eine Testklasse, die mit PHPUnit für PHP 4 verwendet werden kann, sieht einer Testklasse, die mit PHPUnit für PHP 5 verwendet werden kann, ähnlich. Der wichtigste Unterschied ist, dass sich die Testklasse von `PHPUnit_TestCase` ableitet. Diese Klasse ist ihrerseits eine Kindklasse der Klasse PHPUnit_Assert, die die Zusicherungsmethoden zur Verfügung stellt.

Beispiel 28 zeigt eine Fassung der Testklasse ArrayTest, die mit PHPUnit für PHP 4 verwendet werden kann.

Beispiel 28: Eine Testklasse für PHPUnit 1.x schreiben

```php
<?php
require_once 'PHPUnit/TestCase.php';

class ArrayTest extends PHPUnit_TestCase {
    var $_fixture;

    function setUp() {
        $this->_fixture = Array();
    }

    function testNewArrayIsEmpty() {
        $this->assertEquals(0, sizeof($this->_fixture));
    }

    function testArrayContainsAnElement() {
        $this->_fixture[] = 'Element';
        $this->assertEquals(1, sizeof($this->_fixture));
    }
}
?>
```

PHPUnit für PHP 4 verfügt über kein Kommandozeilen-Werkzeug. Die Ausführung der Tests erfolgt üblicherweise durch Schreiben einer Testsuite »von Hand«, wie in Beispiel 29 gezeigt.

Beispiel 29: Tests mit PHPUnit 1.x ausführen

```php
<?php
require_once 'ArrayTest.php';
require_once 'PHPUnit.php';

$suite  = new PHPUnit_TestSuite('ArrayTest');
$result = PHPUnit::run($suite);

print $result->toString();
?>
```

Beispiel 29: Tests mit PHPUnit 1.x ausführen (Fortsetzung)

```
TestCase arraytest->testnewarrayisempty() passed
TestCase arraytest->testarraycontainsanelement() passed
```

Abbildung 8 zeigt das einzige Leistungsmerkmal, das PHPUnit für PHP 5 noch nicht bietet: ein grafisches Werkzeug für die Testausführung auf Basis von PHP-GTK.

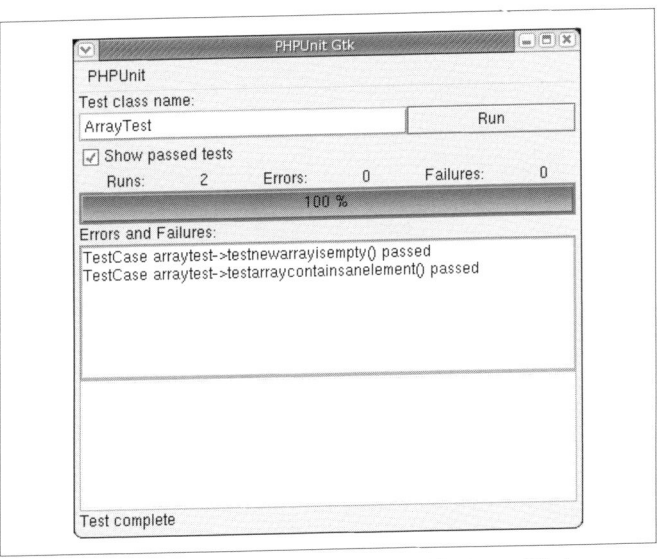

Abbildung 8: Testausführung mit dem PHP-GTK-basierten Werkzeug

Weiterführende Literatur

Astels, David, *Test-Driven Development: A Practical Guide*, Prentice Hall, 2003.

Beck, Kent, *JUnit – kurz & gut*, O'Reilly Verlag, 2005.

Beck, Kent, *Smalltalk Best Practice Patterns*, Prentice Hall, 1997.

Beck, Kent, *Test-Driven Development: By Example*, Addison Wesley, 2002.

Bergmann, Sebastian, *Professionelle Softwareentwicklung mit PHP 5*, dpunkt.verlag, 2005.

Gamma, Erich und Kent Beck, »JUnit: A Cook's Tour«, 1999, *http://junit.sourceforge.net/doc/cookstour/cookstour.htm*.

Gutman, Andi, Stig Bakken und Derick Rethans, *PHP 5 aus erster Hand*, Addison-Wesley, 2005.

Index

A

addListener() (Methode) 69
agile Dokumentation 17, 40
API 54–71
   gemeinsam entwickeln mit Hersteller 42
Array getCodeCoverageInformation() 69
ArrayTest (Klasse) 17
Assert (Klasse) 33, 54, 55
Asserts (Zusicherungen) 55
Ausnahmen testen 23–25
automatische Dokumentation 40
automatisierte Tests 7–10

B

batchtest (Phing-Element) 46
Beck, Kent 6, 29, 51, 79, 80
Boolean allCompletlyImplemented() 69
Boolean wasSuccessfull() 69
brief (Formatierer) 46

C

catch-Block 24
Code-Coverage 17, 35
Collecting Parameter 51
__construct() (externes Protokoll) 62
__construct(String $name) (externes Protokoll) 62
Coverage-Report 50

D

DatabaseTests (Klasse) 22
Debugging mit Tests 42
Design-by-Contract 28, 55

E

Errors 15, 68
errors() 68
Extensions (Package) 70
Extreme Programming 28, 40

F

Failures 15, 68
failures() 68
Fehler und Versager, Unterscheidung 15, 68
Fixture 19
Flaschenhals-Methoden 61
format (Attribut) 49
Formatierer 46
   brief 46
   plain 46
   XML 46
Framework (Package) 70

G

Gamma, Erich 6, 51, 80
Geschwindigkeit testen 25

H

haltonerror (Attribut) 45
haltonfailure (Attribut) 45

I

Implementor-Methoden 62
infile (Attribut) 49
Installation von PHPUnit 14
int errorCount() 69
int failureCount() 69
int notImplementedCount() 69
int runCount() 69
integer getMaxRunningTime() 26
Inventar 19–23

K

Klasse
  ArrayTest 17
  Assert 33, 54, 55
  DatabaseTests 22
  SampleTest 27
  Test 52, 54, 61
  TestCase 23, 54, 62
  TestResult 51, 54, 68
  TestSuite 52, 54, 63
  Unit 18
  UnitTest 16
Kompositum 63

M

Methoden
  addListener() 69
  Flaschenhals 61
  Implementor- 62
  setUp() 20
  suite() 22
  tearDown() 20
  update() 39

N

notImplemented() 68

O

Objekte, erzeugen und beseitigen 63
Observer 39
outfile (Attribut) 47

P

Packages 70
PEAR (PHP Extension and Application Repository) 14
PEAR Installer 14
Phing und PHPUnit 44–51
PHPUnit
  API 54
  Download 14
  Implementierung 51–53
  Installation 14
  Packages 70
  Phing und 44–51
  Ziele 10
phpunit (Befehl) 15
PHPUnit2_Extensions_ExceptionTestCase 24
PHPUnit2_Extensions_PerformanceTestCase 25
PHPUnit2_Extensions_RepeatedTest 71
PHPUnit2_Extensions_TestDecorator 71
PHPUnit2_Extensions_TestSetup 22, 38, 71
PHPUnit2_Framework_Assert 33, 55
PHPUnit2_Framework_IncompleteTest 27

PHPUnit2_Framework_IncompleteTestError 27
PHPUnit2_Framework_Test 51
PHPUnit2_Framework_TestCase 11, 61, 62, 71
PHPUnit2_Framework_TestListener 74
PHPUnit2_Framework_TestResult 51, 68, 74
PHPUnit2_Framework_TestResult run(PHPUnit2_Framework_TestResult $result) (externes Protokoll) 63
PHPUnit2_Framework_TestSuite 52
PHPUnit2_Runner_BaseTestRunner 77
PHPUnit2_Runner_TestSuiteLoader 18
PHPUnit2_TextUI_TestRunner 77
plain (Formatierer) 46
Pluggable Selector, nicht empfohlen 53
printsummary (Attribut) 45

R

Refactoring mit Tests 43
Runner (Package) 70

S

SampleTest (Klasse) 27
Schablonenmethode 20
Self-Shunting 39
setUp() (Methode) 20, 52
String getExpectedException() 25
String getName() (externes Protokoll) 62

Stubs 38–40, 42
  Self-Shunting 39
styledir (Attribut) 49
suit() (Methode) 22

T

teamübergreifende Tests 42
tearDown() (Methode) 20
Test (Klasse) 52, 54, 61
TestCase (Klasse) 23, 54, 62
TestDox 40
Testfall-Klassenskelett 18
Test-First-Programmierung 28–34
testgetriebene Entwicklung 28
Testinventar 19–23
Test-Report 47
TestResult (Klasse) 51, 54, 68
Testrunner, textbasiert 15–19
TestSuite (Klasse) 52, 54, 63
textbasierter Testrunner 15–19
TextUI (Package) 70
todir (Attribut) 47, 49
type (Element) 46

U

Unit (Klasse) 18
Unit Tests 7, 28
UnitTest (Klasse) 16
unvollständiger Test 18, 28
update() (Methode) 39
usefile (Attribut) 47
Util (Package) 71

V

Versager und Fehler, Unterscheidung 15, 68
void fail( ) (Flaschenhals-Methode) 61

void fail(String $message) (Flaschenhals-Methode) 61
void runTest() (externes Protokoll) 63
void setName($name) (externes Protokoll) 63
void setUp() (Schablonenmethode) 63
void tearDown() (Schablonenmethode) 63

X
xml (Formatierer) 46
XML-Protokoll 17

Z
Ziele von PHPUnit 10
Zusicherungen 33, 54, 71

O'Reillys Taschenbibliothek
kurz & gut

CSS, 2. Auflage
Eric A. Meyer, 138 Seiten, 2005, 8,90 €
ISBN 3-89721-504-7

Kern dieser Ausgabe ist eine vollständige Referenz aller CSS-Eigenschaften, die in den Standards CSS2 und CSS2.1 definiert sind. Darüber hinaus gibt es eine kurze Einführung in die Funktionsweise und grundlegenden Konzepte von Cascading Style Sheets.

HTML, 2. Auflage
Jennifer Niederst, 104 Seiten, 2002, 8,- €
ISBN 3-89721-243-9

Diese Referenz bietet einen schnell zugänglichen Überblick über alle HTML-Tags und deren wichtigste Attribute. Berücksichtigt sind HTML 4.01 sowie die Erweiterungen von Netscape und Internet Explorer.

XML, 2. Auflage
R. Eckstein mit M. Casabianca, 106 Seiten, 2002, 8,- €
ISBN 3-89721-235-8

Dieser Bestseller bietet eine kurze Einführung in Terminologie und Syntax von XML, einen Überblick über seine Elemente und Attribute, über XPath, XPointer, XLink und XSLT.

PHP, 2. Auflage
Rasmus Lerdorf, 144 Seiten, 2003, 8,90 €
ISBN 3-89721-251-X

Eine ideale Kurzeinführung in Syntax und Struktur der Skriptsprache sowie eine Schnellreferenz für die Vielzahl der Funktionen.

ActionScript für Flash MX
Colin Moock, 146 Seiten, 2004, 9,90 €
ISBN 3-89721-259-5

Ein knapper, aber vollständiger Überblick über ActionScript mit einer Kurzdarstellung der Syntax und Best Practices der Sprache und einer Referenz der zentralen Objekte und Klassen mit ihren Methoden und Eigenschaften.

JavaScript, 2. Auflage
David Flanagan, 136 Seiten, 2003, 8,90 €
ISBN 3-89721-253-6

Eine kompakte Referenz aller Objekte, Methoden und Eigenschaften von JavaScript 1.5.

O'Reillys Taschenbibliothek
kurz & gut

SQL
Jonathan Gennick, 172 Seiten, 2004, 9,90 €
ISBN 3-89721-268-4

Bietet die wichtigsten Informationen zu SQL in einem kompakten, übersichtlichen Format und deckt die vier am weitesten verbreiteten SQL-Varianten ab: Oracle, IBM DB2, Microsoft SQL Server und MySQL.

JUnit
Kent Beck, 108 Seiten, 2005, 8,- €, ISBN 3-89721-230-7

Versammelt all die Informationen, die man bei der praktischen Arbeit mit JUnit noch einmal nachschlagen möchte. Enthält neben Referenzmaterial zu JUnit die wichtigsten Informationen zum Testen von Programmcode allgemein, zum Prinzip des Test First und zum Schreiben und Ausführen von Unit-Tests mit JUnit.

Jakarta Struts
Chuck Cavaness & Brian Keeton, 150 Seiten, 2004, 9,90 €,
ISBN 3-89721-261-7

Jakarta Struts – kurz & gut dokumentiert alle Komponenten und Core-Features des Struts-Framework und enthält detaillierte Informationen zu der umfangreichen Tag-Bibliothek.

Ant
Stefan Edlich, 88 Seiten, 2002, 8,- €, ISBN 3-89721-241-2

Das Bändchen enthält neben einer knappen Einführung in die Arbeit mit Ant eine vollständige Referenz der Built-in-Tasks und ihrer jeweiligen Attribute sowie kurze Beispiele für ihre Verwendung.

Apache
Andrew Ford, 120 Seiten, 2001, 8,- €, ISBN 3-89721-224-2

Behandelt werden Optionen, Module, Hilfsprogramme, Betrieb und Konfiguration, Performance Tuning, Request-Verarbeitung, Zeitformate, CGI-Umgebungsvariablen für Apache 1.3.12.

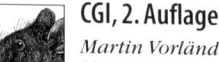

CGI, 2. Auflage
Martin Vorländer, 106 Seiten, 2003, 8,- €
ISBN 3-89721-244-7

Eine Referenz der CGI-Technologie sowie der bei CGI verbreitetsten Verfahren und Tools wie CGI.pm, mod_perl, SSI, Template-Systeme und Einbetten von Perl-Code.

Webdesign

CSS Kochbuch
Christopher Schmitt, ca. 300 Seiten, 2005, ca. 32,- €
ISBN 3-89721-397-4

CSS haben sich zwar als Standard für Web-Entwickler und -Designer durchgesetzt, ihre Anwendung ist jedoch nicht immer einfach und intuitiv. Dieses Kochbuch bietet Ihnen über 80 fertige Lösungen für typische Aufgaben und Probleme bei der Entwicklung von Webseiten. Sie können die Beispiele, die auf CSS2.1 basieren und zum Herunterladen bereit liegen, sofort für Ihre eigenen Zwecke einsetzen und anpassen. Gleichzeitig können Sie durch die Erläuterungen in jedem Rezept von den Techniken der CSS-Experten lernen und Ihr eigenes Wissen über CSS erweitern.

Cascading Style Sheets – Das umfassende Handbuch
Eric A. Meyer, 568 Seiten, 2004, 39,- €
ISBN 3-89721-386-9

Eric A. Meyer, eine international anerkannte Größe in der CSS-Gemeinde, behandelt in diesem Buch ausführlich die aktuellen Standards CSS2 und CSS2.1. Detailliert beschreibt er alle CSS-Eigenschaften, erläutert, wie sie mit anderen Eigenschaften zusammenwirken und zeigt anhand vieler praktischer Beispiele, wie sie angewendet werden.

HTML & XHTML – Das umfassende Referenzwerk
4. Auflage
Chuck Musciano & Bill Kennedy, 720 Seiten, 2003, 38,- €
ISBN 3-89721-350-8

HTML 4, Stylesheets, Netscape 6, Internet Explorer 6, HTML-Editoren, XML und XHTML – die Möglichkeiten, Webseiten zu schreiben, sind so vielfältig, dass es schwer ist, den Überblick zu behalten. Was ist wirklich nützlich und sinnvoll, und für welche Zwecke und wie verwendet man es? Dieses Buch fasst alles zusammen. Behandelt werden die Standards HTML 4.01 und XHTML 1.0 sowie die Erweiterungen, die von den gängigen Browsern unterstützt werden. Die Autoren besprechen jedes HTML-Element in allen Einzelheiten, erklären die jeweilige Funktionsweise und das Zusammenspiel mit anderen Elementen.

(Deutsche Ausgabe der 5. engl. Auflage)

O'REILLY®
www.oreilly.de

Firefox
Alles zum Kult-Browser

Lars Schulten
200 Seiten, 2005, 9,90 €
ISBN 3-89721-510-1

Firefox hat neuen Wind in die Webbrowserlandschaft gebracht, die in den letzten Jahren unwiderruflich vom Internet Explorer beherrscht zu sein schien. Firefox ist schlank, schnell, komfortabel und bietet übersichtliche Einstellungen für Sicherheit, Privatsphäre und Datenschutz beim Surfen im Web. Technik-Kolumnisten, Webdesigner und Sicherheitsexperten empfehlen den Wechsel zum Firefox-Browser.

In diesem Taschenbuch hat der Autor Firefox unter die Lupe genommen und stellt die traditionellen und neuen Features des neuen Browsers vor: Suchen, Download-Manager, Tabs, Druckvorschau, Verwaltung von Website-Passwörtern, Cookies und Popups, Lesezeichen, Plugins, Erweiterungen und Themes uvm.

O'REILLY®
www.oreilly.de